京都札所めぐり御朱印を求めて歩く

巡礼ルートガイド

改訂版

京都歴史文化研究会 著

メイツ出版

洛陽三十三所観音巡礼

洛西三十三所観音霊場

※本書は2016年発行の『京都 札所めぐり 御朱印を求めて歩く 巡礼ガイド』の改訂版です。

京都十六社朱印めぐり

都七福神まいり

洛陽十二支妙見めぐり

【はじめに】

京都市の人口は145万人を越える。これだけの大都市でありながら京都は実にコンパクトにまとまった街である。少々大げさにいえば、京都市内で生活している限り、自転車1台あれば通勤や通学の足としてほぼ通用してしまう。

そして、金閣寺や龍安寺といった有名寺院から、路地に隠れるように建つ地元に密着した多くの寺社が、狭い街の中に密集しているのである。ほぼ一年を通じて、街中のどこかでおまつり(仏事や神事)が行われている街は他に見当たらない。そんな土地柄であるから、そこに住む人達はことあるごとに寺院や神社に参詣・参拝を欠かさなかった。自分が信仰する仏様や神様に悩みや望みなどを祈り、心のよりどころとしてきたのである。

西日本の著名な観音巡礼として西国三十三所巡礼がある。近畿2府4県と岐阜県に渡る33所の観音霊場を巡るのであるが、広いエリアにある札所を巡るのには時間とそして費用がかかった。昔は巡礼に出られるのは一家の内でも家長とか長男に限られていた。そこで京都近郊に限られた狭いエリアで三十三所巡りができる観音霊場が興された。さらに七福神めぐりなど、寺院や神社への巡礼が盛んに行われるようになった。

こうした寺社を巡り、参詣・参拝すると押印してもらえるのが御朱印である。元来は寺社に写経を納めた際の受付印とされたが、今は少額の金銭（多くは３００円）を納めることで、独特の墨書と印を押した御朱印をいただける。御朱印を受けると、寺社にきちんとお参りを済ませたという充実感が味わえる。この気持ちが大切で、神仏に対する尊敬や畏敬の念なしに、御朱印収集のみに執着するのは、慎むべきである。

本書では京都市近郊の洛陽三十三所観音巡礼、洛西三十三所観音霊場、招福の神様を詣でる都七福神めぐり、開運・厄除けなどを祈る洛陽十二支妙見めぐり、京都の由緒ある神社をめぐる京都十六社朱印めぐりを中心に、札所の歴史やいわれ、さらにそれぞれの御朱印を紹介している。ぜひ、心を癒す札所めぐりと御朱印収集のガイドとして活用していただくことを切に希望してやまない。

本書の使い方

❶ 札所めぐり
京都市内の札所めぐりを、洛陽三十三所観音巡礼、洛西三十三所観音霊場、京都十六社朱印めぐり、都七福神まいり、洛陽十二支妙見めぐりの順で紹介しています。各札所めぐりは巡礼の順番は特に定められていませんので、記事を参考にご自由に計画をたてて下さい。

❷ 地図表記［例：MAP P9B ①］
P9 はこの札所の地図掲載ページを表します。次の欧文Ｂと①は９ページ中の分割地図Ｂの中、①の位置にこの札所があることを示しています。分割地図の右ページには各々の巡礼の全体地図があります。全体地図・分割地図を用いて、効率のよい札所巡りの参考にして下さい。

❸ 寺社解説
寺院は札所本尊、神社は主祭神あるいは御利益を中心にその歴史やいわれを解説しています。洛陽三十三所観音巡礼、洛西三十三所観音霊場の記事には必ず「御詠歌」を記載しておりますので、お参りの折りにはぜひ唱えながら参詣することをおすすめします。

洛陽三十三所観音巡礼

MAP P9-B①

洛陽三十三所観音巡礼 第一番札所

紫雲山 頂法寺 （しうんざん ちょうほうじ）［六角堂］（ろっかくどう）

▲庶民の信仰が厚い如意輪観音菩薩を祀る。

▲ビルとビルの間、京都の街中に堂宇を構える。

▲京都のほぼ中央にあるといわれている「へそ石」。

聖徳太子の護持仏とされる如意輪観音菩薩を本尊に祀る

西国十八番の札所で、用明天皇2年（578）に聖徳太子により建立されたと伝えられている。太子が四天王寺建立のための木材を求めて当地を訪れた時、霊夢を見て六角の小堂を建立、観音像を安置したのがはじまり。六角堂の名は本堂の形が六角を成していることからそう呼ばれるが、正式名は頂法寺という。

本尊は太子の護持仏の如意輪観音菩薩（秘仏）で、応仁の乱以降は庶民の信仰を集めた。本堂の右手には敷き詰められた玉石に囲まれて六角形の石があるが、ここが京都のほぼ中心に位置していたことから「へそ石」と呼ばれる。本堂北の本坊は池坊と呼ばれ、室町時代以降多くのいけ花の名手を輩出した華道発祥の地として有名。現在も華道家元池坊の本拠地となっている。

<DATA>
◉住所／京都市中京区六角通東洞院西入堂之前町248(烏丸六角東入ル)◉電話／075-221-2686◉拝観料／無料◉拝観時間／6:00～17:00（納経8:00～）◉定休日／無休◉交通／地下鉄「烏丸御池駅」から徒歩約3分

10

❷ 地図表記

❶ 札所めぐり

❸ 寺社解説

❹ 御朱印

❺ データ

❹ 御朱印
本書は札所を巡ると同時に御朱印をいただくことをテーマに構成されています。札所の寺社はいくつもの霊場の札所を兼ねているところも多いため、本書ではその霊場めぐりの御朱印を収録しています。実際は、ご自身がお参りして、いただきたい御朱印を受けて下さい。

❺ データ
住所、電話番号、拝観料、拝観時間、定休日、さらに交通アクセスを紹介しています。本書のデータは2020 年2月現在のもので、拝観料や拝観時間、定休日は変更になる場合がありますのでお出かけ前にご確認ください。また交通アクセスは最も一般的なものを記載しています。

洛陽三十三所観音巡礼

【らくようさんじゅうさんしょかんのんじゅんれい】

平安末期を起源とする洛中にある観音霊場巡拝。後白河上皇がその広さゆえに巡礼が困難な西国三十三所巡礼に変えるものとして洛中の観音仏の中から定めたが、応仁の乱などによる寺院の荒廃で衰退した。
江戸時代の寛文5年（1665）、霊元天皇の勅命により頂法寺六角堂を第一番札所として第三十三番札所・清和院で終わる新しい順路が中興され、江戸時代中期以降から幕末にかけて息災・治病・安産・懐胎などの御利益を求めて多くの人々が巡礼したが明治維新の廃仏毀釈で再び中断。
しかし、平成17年（2005）4月に約100年ぶりに復興され、清水寺で復興大法要が行われた。

平安末期を起源とする伝統ある
観音霊場を巡り、御朱印を受ける

マップ

洛陽三十三所観音巡礼全体マップ

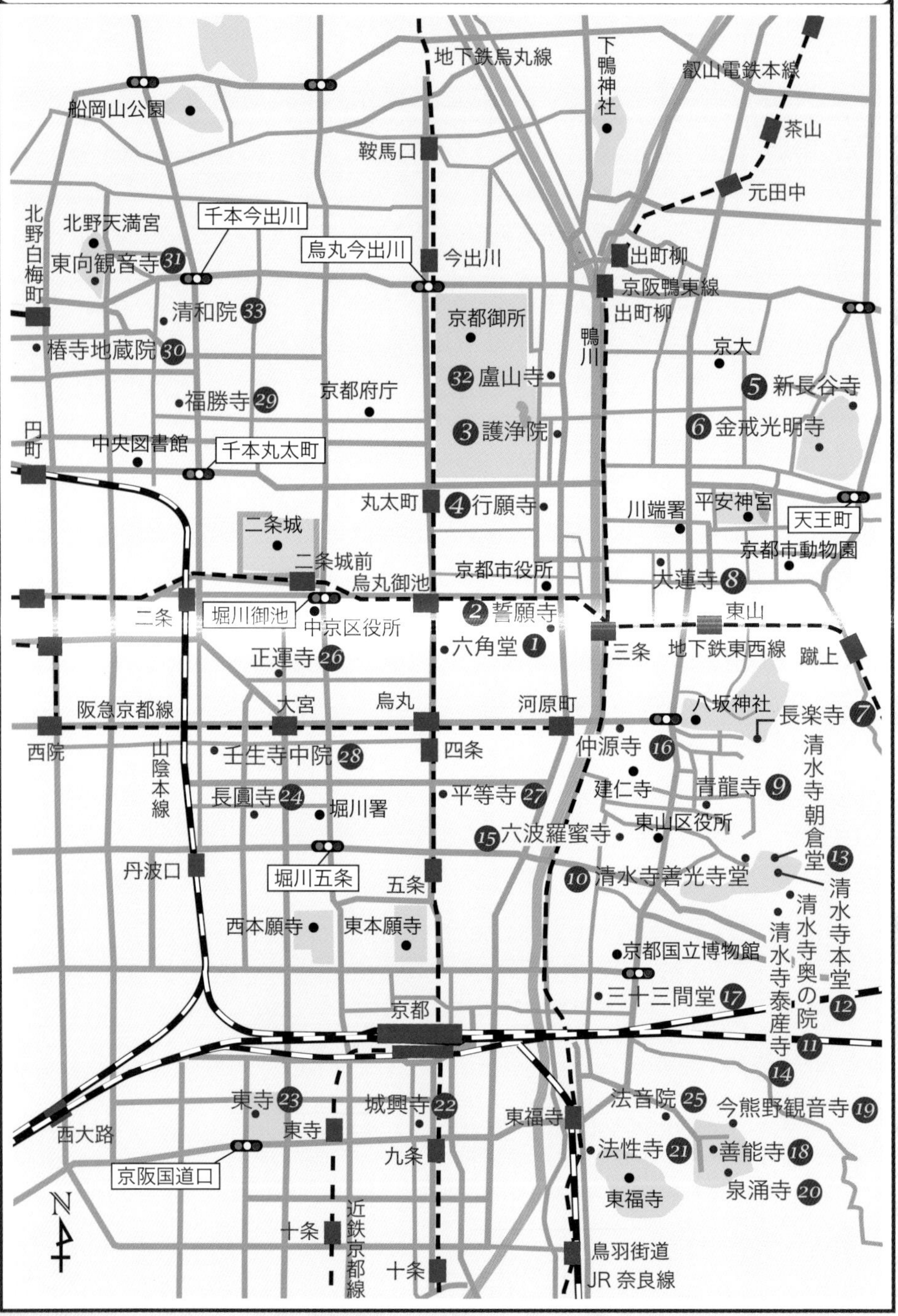

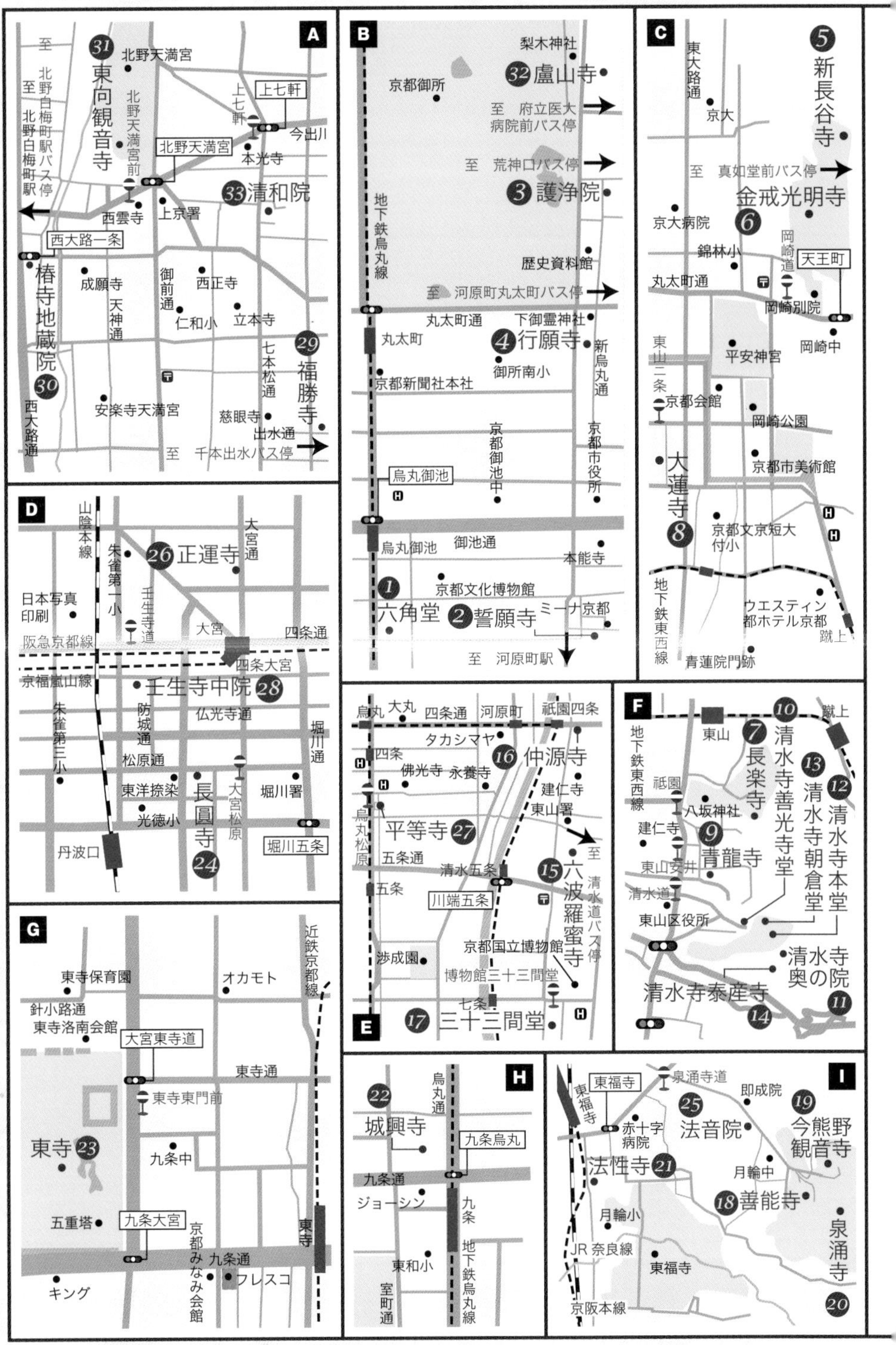
A
31
東向観音寺
北野天満宮
北野天満宮前
至 北野白梅町駅
至 北野白梅町駅バス停
上七軒
今出川
本光寺
北野天満宮
西雲寺
上京署
33 清和院
西大路一条
椿寺地蔵院
30
成願寺
天神通
御前通
西正寺
仁和小
立本寺
七本松通
29
福勝寺
安楽寺天満宮
慈眼寺
出水通
西大路通
至 千本出水バス停
B
梨木神社
32 廬山寺
京都御所
至 府立医大病院前バス停
至 荒神口バス停
3 護浄院
地下鉄烏丸線
歴史資料館
至 河原町丸太町バス停
丸太町通
下御霊神社
丸太町
4 行願寺
新烏丸通
御所南小
京都新聞社本社
京都御池中
京都市役所
烏丸御池
御池通
本能寺
1
京都文化博物館
六角堂
2 誓願寺
ミーナ京都
至 河原町駅
C
東大路通
5
新長谷寺
京大
至 真如堂前バス停
京大病院
金戒光明寺
6
錦林小
岡崎道
天王町
丸太町通
岡崎別院
岡崎中
東山二条
平安神宮
京都会館
岡崎公園
大蓮寺
8
京都市美術館
京都文京短大付小
地下鉄東西線
ウエスティン都ホテル京都
蹴上
青蓮院門跡
D
山陰本線
大宮通
朱雀第一小
26 正運寺
日本写真印刷
壬生寺道
大宮
四条通
阪急京都線
四条大宮
京福嵐山線
壬生寺中院 28
朱雀第三小
防城通
仏光寺通
堀川通
松原通
大宮松原
東洋捺染
長圓寺
堀川署
光徳小
丹波口
堀川五条
24
E
烏丸
大丸
四条通
河原町
祇園四条
タカシマヤ
四条
16 仲源寺
佛光寺
永養寺
建仁寺
東山署
烏丸松原
平等寺 27
五条通
至 清水道バス停
清水五条
15 六波羅蜜寺
五条
川端五条
渉成園
京都国立博物館
博物館三十三間堂
七条
17 三十三間堂
F
10
蹴上
地下鉄東西線
東山
7
長楽寺
清水寺善光寺堂
13
12
祇園
八坂神社
清水寺朝倉堂
清水寺本堂
建仁寺
9
青龍寺
東山安井
清水道
東山区役所
清水寺奥の院
清水寺泰産寺
14
11
G
近鉄京都線
東寺保育園
オカモト
針小路通
東寺洛南会館
大宮東寺道
東寺通
東寺東門前
東寺 23
九条中
五重塔
九条大宮
京都みなみ会館
九条通
フレスコ
東寺
キング
H
22
烏丸通
城興寺
九条烏丸
九条通
ジョーシン
九条
地下鉄烏丸線
東和小
室町通
I
東福寺
泉涌寺道
即成院
25
19
東福寺
法音院
今熊野観音寺
赤十字病院
法性寺 21
月輪中
18 善能寺
月輪小
泉涌寺
JR 奈良線
東福寺
京阪本線
20

▲庶民の信仰が厚い如意輪観音菩薩を祀る。

MAP P9-B①

洛陽三十三所観音巡礼

第一番札所

紫雲山 頂法寺【六角堂】

（しうんざん ちょうほうじ［ろっかくどう］）

▲ビルとビルの間、京都の街中に堂宇を構える。

▲京都のほぼ中央にあるといわれている「へそ石」。

聖徳太子の護持仏とされる如意輪観音菩薩を本尊に祀る

西国十八番の札所で、用明天皇2年（578）に聖徳太子により建立されたと伝えられている。太子が四天王寺建立のための木材を求めて当地を訪れた時、霊夢を見て六角の小堂を建立、観音像を安置したのがはじまり。六角堂の名は本堂の形が六角を成していることからそう呼ばれるが、正式名は頂法寺という。

本尊は太子の護持仏の如意輪観音菩薩（秘仏）で、応仁の乱以降は庶民の信仰を集めた。本堂の右手には敷き詰められた玉石に囲まれて六角形の石があるが、ここが京都のほぼ中心に位置していたことから「へそ石」と呼ばれる。本堂北の本坊は池坊と呼ばれ、室町時代以降多くのいけ花の名手を輩出した華道発祥の地として有名。現在も華道家元池坊の本拠地となっている。

<DATA>

◉住所／京都市中京区六角通東洞院西入堂之前町248（烏丸六角東入ル）◉電話／075-221-2686◉拝観料／無料◉拝観時間／6:00〜17:00（納経8:00〜）◉定休日／無休◉交通／地下鉄「烏丸御池駅」から徒歩約3分

MAP
P9-B②

洛陽三十三所観音巡礼
第二番札所

新京極 誓願寺

（しんきょうごく せいがんじ）

▲京都の繁華街・新京極の賑わいの中に建つ。

飛鳥時代に天智天皇の勅願により奈良の地に三論宗として開創されたのが起源。以降、数度の移転を経て天正19年（1591）に現在地に移った浄土宗西山深草派の総本山。

本堂に安置される十一面観音は、弘法大師の作と伝わり、一言で願いを叶えてくれる「一言観音」として、信仰を集めている。平安時代の歌人、清少納言が仏門に入った寺院としても知られ、女性の信者も多い。

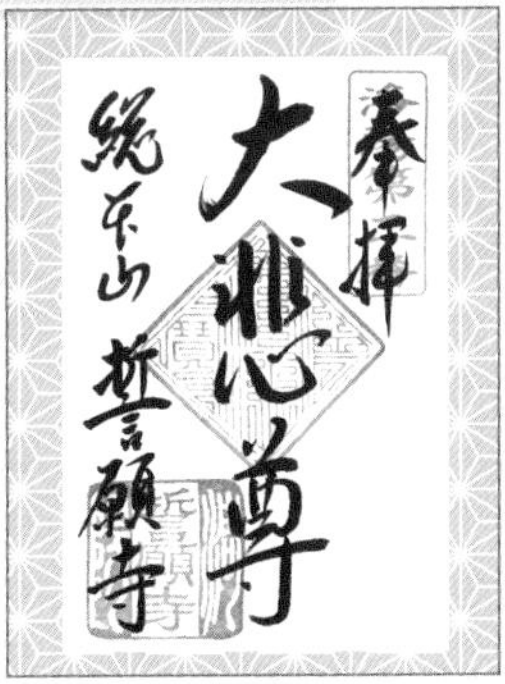

<DATA>

◉住所／京都市中京区新京極桜之町453◉電話／075-221-0958◉拝観料／無料◉拝観時間／9:00～17:00◉定休日／無休◉交通／阪急電車「河原町駅」から徒歩約5分

MAP
P9-B③

洛陽三十三所観音巡礼
第三番札所

護浄院［清荒神］

（ごじょういん［きよしこうじん］）

▲札所本尊の准胝観音が安置される観音堂。

宝亀2年（771）に光仁天皇の皇子開成皇子が自ら感得した荒神尊像を自ら模刻し、日本最初の荒神尊として祀り、慶長5年（1600）に現在地に移転。

以来、歴代天皇・皇室に国家安泰・皇室安寧のお札を献上している。観音堂に安置されている准胝《じゅんてい》観音は、あらゆる人々の悩みに応え、救ってくださるという。また、子授けの観音様として、母の願いを叶えてくださると女性の信仰を集めている。

<DATA>

◉住所／京都市上京区荒神口通寺町東入荒神町122◉電話／075-231-3683◉拝観料／無料◉拝観時間／8:00～16:00（夏季～17:00）◉定休日／無休◉交通／市バス「荒神口」停から徒歩約2～3分

▲行円上人が刻んだ千手観音菩薩像が安置される。

MAP
P9-B④

洛陽三十三所観音巡礼

第四番札所

霊麀山 革堂 行願寺
（れいゆうざん こうどう ぎょうがんじ）

▲境内には本堂をはじめとした諸堂が並ぶ。

▲庶民の寺院らしく今も多くの参詣者が訪れる。

行円上人が自ら彫られた秘仏の千手観音菩薩像

行円上人が俗家の時に、山中で射止めた牝鹿の腹中から子鹿が生まれるのを見て深く殺傷を悔い、仏門に入り諸国の霊場で修業した後、寛弘元年（1004）に建立したと伝わる。上人は、常に頭上に仏像をいただき、鹿皮の着物を着ていたため、人々から「革聖」と呼ばれ、行願寺を革堂と称した。

本尊は、上人が全ての人々の成仏のために仏像を彫刻したいと発願し、賀茂の社に霊木があることを告げられ、その槻の木に自ら一刀三礼して彫られた千手観音菩薩像で、秘仏となっている。

境内に本堂を始めとした諸堂が集まり、庶民の寺院らしく、いつ訪れても線香の煙が絶えない。都七福神の一つである寿老人神堂もあり、また毎年8月21～23日のお盆に公開される幽霊絵馬も有名。

<DATA>

◉住所／京都市中京区寺町通竹屋町上ル行願寺門前町17◉電話／075-211-2770◉拝観料／無料◉拝観時間／8:00～17:00◉定休日／無休◉交通／市バス「河原町丸太町」から徒歩約5分

MAP
P9-C⑤

洛陽三十三所観音巡礼

第五番札所

新長谷寺（しんはせでら）［真如堂］［しんにょどう］

長谷寺本尊を模した十一面観音は
九條家の祖・藤原山蔭が拝した仏様

紅葉の名所として名高い真如堂の境内にある。元は神楽岡（吉田神社）の斎場所大元宮の西、藤原山蔭《やまかげ》の邸宅にあったが、明治の廃仏毀釈の時に、真如堂に移った。山蔭は、平安時代の公卿で、九條家の祖とされる。

山蔭が信仰していた奈良の長谷寺へ籠ったところ、長谷観音が童子となって現れ、山蔭とともに吉田に来られ、唐の国から運んできた栴檀の香木で十一面観音を作らせた。さらに、山蔭は、長谷寺の本尊・十一面観音像を模造し、邸宅を新長谷寺として、その像を本尊として安置したという。

真如堂は、正しくは真正極楽寺といい、京都六阿弥陀の一つである阿弥陀如来座像（重文）を本尊とする。境内には本堂や三重塔などがゆったりと並ぶ。

<DATA>

◉住所／京都市左京区浄土寺真如町82◉電話／075- 771-0915◉拝観料／無料◉拝観時間／9:00～16:00◉定休日／定休日：無休◉交通／市バス「錦林車庫」から徒歩約8分

▲真如堂の境内の一画に建つ新長谷寺の小堂。

▲見るものを圧倒するような堂々とした本堂。

▲紅葉が三重塔を美しく染め上げる。

もと吉田寺の本尊であった千手観音を祀る。

洛陽三十三所観音巡礼

第六番札所

紫雲山 金戒光明寺［黒谷］

（しうんざん　こんかいこうみょうじ　［くろたに］）

MAP P9-C⑥

京都市民から親しみを込めて黒谷さんと呼ばれる浄土宗の名刹

平安神宮の裏手、小高い丘の上に建つ浄土宗の大本山。京都市民からは、「黒谷さん」と親しみを込めて呼ばれている。比叡山を下りた法然上人が最初に念仏道場を建てたところで、度重なる戦乱により幾度も焼失したが、朝廷、幕府の保護によりその都度再建された。特に江戸幕府は、知恩院と並んで当寺に京都防衛のための城郭としての役割を与えた。幕末には会津藩主松平容保が会津藩士を率いて、京都守護職に就任、ここに本陣を敷いた。

吉備真備ゆかりの千手観音は行基菩薩自刻の元吉田寺の本尊

金戒光明寺の千手観音は、奈良時代に吉備真備が遣唐使として帰国の際、乗っていた船が遭難しそうになり「南無観世音菩薩」と唱えたところ難を逃れることができ、その時に唐から持ち帰った栴檀香木で、行

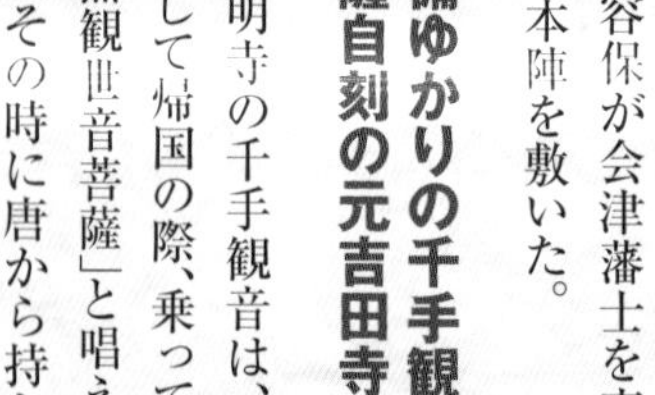
▲重要文化財の文殊塔(三重)は高台に建つ。

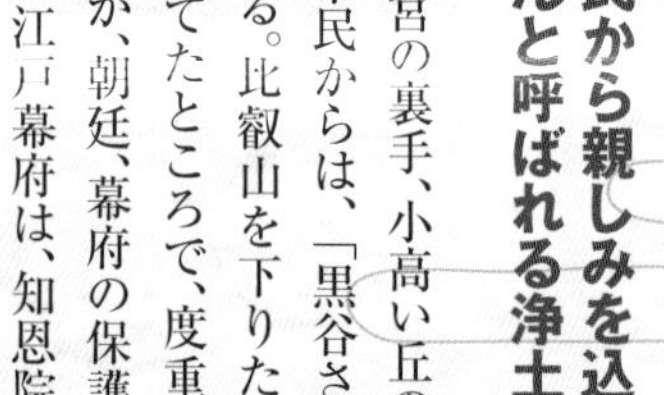
▲幕末の京都に殉じた会津藩士達の墓地。

基菩薩に頼んで刻んでもらった観音像と伝わる。元は吉田中山にあった吉田寺に本尊として祀られていたという。

吉田寺は、東大寺や国分寺を建立した聖武天皇の祈願所に定められ、「厄除け」や「道中守護」、「交通安全」、「所願成就」の御利益があると信仰を集め、さらに宮中で御懐妊があれば、勅使が遣わされ、安産祈願と肥立の開運祈願が行われる「安産守護」の本尊とされていた。しかし、吉田寺は寛文8年（1668）に廃寺となり、千手観音は江戸幕府の命で金戒光明寺に移された。

金戒光明寺の広大な寺域は、四季を通じて大勢の観光客で賑わう哲学の道から少し離れ、いつも静かで、まるで江戸時代にタイムスリップしたような雰囲気。映画の華やかりし頃は、よく時代劇の撮影が行われていたというのもうなずける。

<DATA>

◉住所／京都市左京区黒谷町121◉電話／075- 771- 2204◉拝観料／無料◉拝観時間／9:00～16:00◉定休日／無休◉交通／市バス「岡崎道」から徒歩約10分

▲江戸時代は城郭としても機能。墓地からは京都市街を一望できる。

▶堂々とした山門と桜のハーモニーが美しい。

▲山門には後小松天皇の直筆の額がかかる。

▲2代将軍の徳川秀忠夫人「お江」の供養塔。

MAP P9-F⑦

洛陽三十三所観音巡礼

第七番札所

黄台山 長楽寺

（こうだいさん ちょうらくじ）

▲深山幽谷の趣のある境内高台に建つ本堂。

▲秋になると紅葉が境内を紅一色に染め上げる。

▲この寺で出家した建礼門院の供養塔が建つ。

最澄が自ら刻んだ准胝観世音菩薩を祀る

最澄（伝教大師）が学問僧として唐への航海の途中、海上で船が遭難した際、一心に「南無観世音菩薩」と唱えたところ、二頭の龍神守護の准胝《じゅんてい》観世音菩薩が示現され、海が凪いで命を助けられた。その時に感得された龍神守護の観音様を、最澄が無事に帰朝を果たした延暦24年（805）に、自ら刻んで本尊とし、平安京に都を移した桓武天皇の勅命により創建されたとされる。

円山公園の奥、高台にひっそりと堂宇を並べ、時雨に濡れる紅葉が特に美しい寺院。源平合戦の折に、壇ノ浦で助けられた安徳天皇の母・建礼門院（平徳子）が尼になった寺としても知られる。木々に包まれた境内には建礼門院の御髪塔が建ち、寺宝として安徳天皇ゆかりの幡が残されている。

<DATA>

◉住所／京都市東山区円山町626◉電話／075-561-0589◉拝観料／500円◉拝観時間／9:00～16:00◉定休日／木曜◉交通／市バス「祇園」から徒歩約5分

MAP P9-C⑧

洛陽三十三所観音巡礼 第八番札所

引接山 大蓮寺
（いんじょうざん だいれんじ）

慶長5年（1600）、深誉上人が伏見で、金色に輝く阿弥陀如来を発見したが、この仏像は真如堂の本尊であることが分かり返還することとなった。名残惜しんだ上人が昼夜念仏を行ったところ、二体の阿弥陀如来が現れ、大蓮寺の本尊とした。

明治の廃仏毀釈の折、祇園社より一木彫刻・唐造りの十一面観音菩薩（10世紀の作）など全ての仏像を迎えて本堂脇壇に安置している。

▲札所本尊は10世紀の作の十一面観音菩薩。

<DATA>

◉住所／京都市左京区東山二条西入ル一筋目下ル457◉電話／075-771-0944◉拝観料／無料◉拝観時間／9:00～16:30◉定休日／無休◉交通／市バス「東山二条」から徒歩約3分

MAP P9-F⑨

洛陽三十三所観音巡礼 第九番札所

見性山 青龍寺
（けんしょうざん せいりゅうじ）

本尊の聖観世音菩薩は、伽羅《きゃら》観音ともいわれ、唐の得宗皇帝より献上された伽羅の霊木を、桓武天皇の勅命をもって最澄（伝教大師）が彫刻したという言い伝えをもつ。

起源は平安初期まで遡り、中世になり、法然上人により後白河法皇の菩提を弔うために別時念仏の道場となった。本堂の前には、念仏石があり、鐘の代わりにこの石を叩いて念仏の調子をとったとされる。

▲伝教大師最澄が自ら彫刻した聖観世音菩薩を祀る。

<DATA>

◉住所／京都市東山区下河原町通八坂鳥居前下ル南町411◉電話／075- 561-7216◉拝観料／無料◉拝観時間／9:00～16:00◉定休日／無休◉交通／市バス「東山安井」から徒歩約6分

▲鎌倉末期作の優れた如意輪観音菩薩を安置する。

MAP P9-F⑩

洛陽三十三所観音巡礼

第十番札所

音羽山 清水寺

（おとわさん きよみずでら）

善光寺堂［旧地蔵院］

（ぜんこうじどう ［きゅうじぞういん］）

▲仁王門の左手前にぽつんと小さなお堂が建つ。

▲願い事がある方向に首を回して拝む「首ふり地蔵」。

鎌倉末期に造られた六臂坐像の如意輪観音菩薩

清水寺の正門である仁王門の左手前に建つ小堂。鎌倉時代以前から地蔵菩薩を祀る地蔵堂であり、その後、如意輪観音を併せて祀り「地蔵院」となった。さらに、明治の初め、善光寺如来堂を併せて「善光寺堂」と称するようになった。

如意輪観音菩薩は、鎌倉末期作の優れた六臂坐像で、本尊の地蔵菩薩坐像と並んで崇敬を集めている。この如意輪観音菩薩は、首を少し右に傾け、六本の臂をもち、右膝を立てて座る坐像。右第二手の如意宝珠と左第二手の宝輪とで、苦を除き、利益を与えるという格別に優れた法力を発揮するとされる。

善光寺堂の右手前の「首ふり地蔵」は、願い事がある方向に首を回して拝めば願いが叶うとされ、恋の願い、特に片思いに御利益あらたかという。

<DATA>

◉住所／京都市東山区清水一丁目294◉電話／075- 551-1234◉拝観料／無料◉拝観時間／6:00～18:00◉定休日／無休◉交通／市バス「清水道」から徒歩約15分

MAP P9-F⑪

洛陽三十三所観音巡礼 第十一番札所

音羽山 清水寺 奥の院

（おとわさん きよみずでら おくのいん）

清水寺の境内の一番奥、音羽の滝の真上、清水寺の元祖行叡居士と開山延鎮上人が観音を念誦し滝行をして止住したという草庵の旧跡に建つ。

奥の院の建物は、本堂と同じ寛永10年（1633）に再建された。造りも本堂と同様の舞台造りで、五間四方、寄棟造り、桧皮葺き屋根。組物・蟇股・長押などに桃山様式の極彩色文様の跡が残り、国の重要文化財に指定されている。ここからのぞむ本堂の舞台と京都市街の景観は素晴らしく、カメラを手に撮影する人々の姿を多く見られる。

本尊は三面千手観音坐像で、脇侍に地蔵菩薩、毘沙門天、眷属に二十八部衆と風神・雷神を祀る。この観音像は、観音補陀落浄土の大教主の威容を示す三面（頭上24面）の観音様。鎌倉時代を代表する仏師運慶・快慶ら慶派の作とされる。

<DATA>

◉住所／京都市東山区清水一丁目294◉電話／075-551-1234◉拝観料／400円◉拝観時間／6:00～18:00◉定休日／無休◉交通／市バス「清水道」から徒歩約15分

このように、千手観音坐像を祀ることから、奥の院は「奥の千手堂」とも呼ばれる。また、古くは真言宗兼学を伝統していたことから、弘法大師像も奉祀されている。

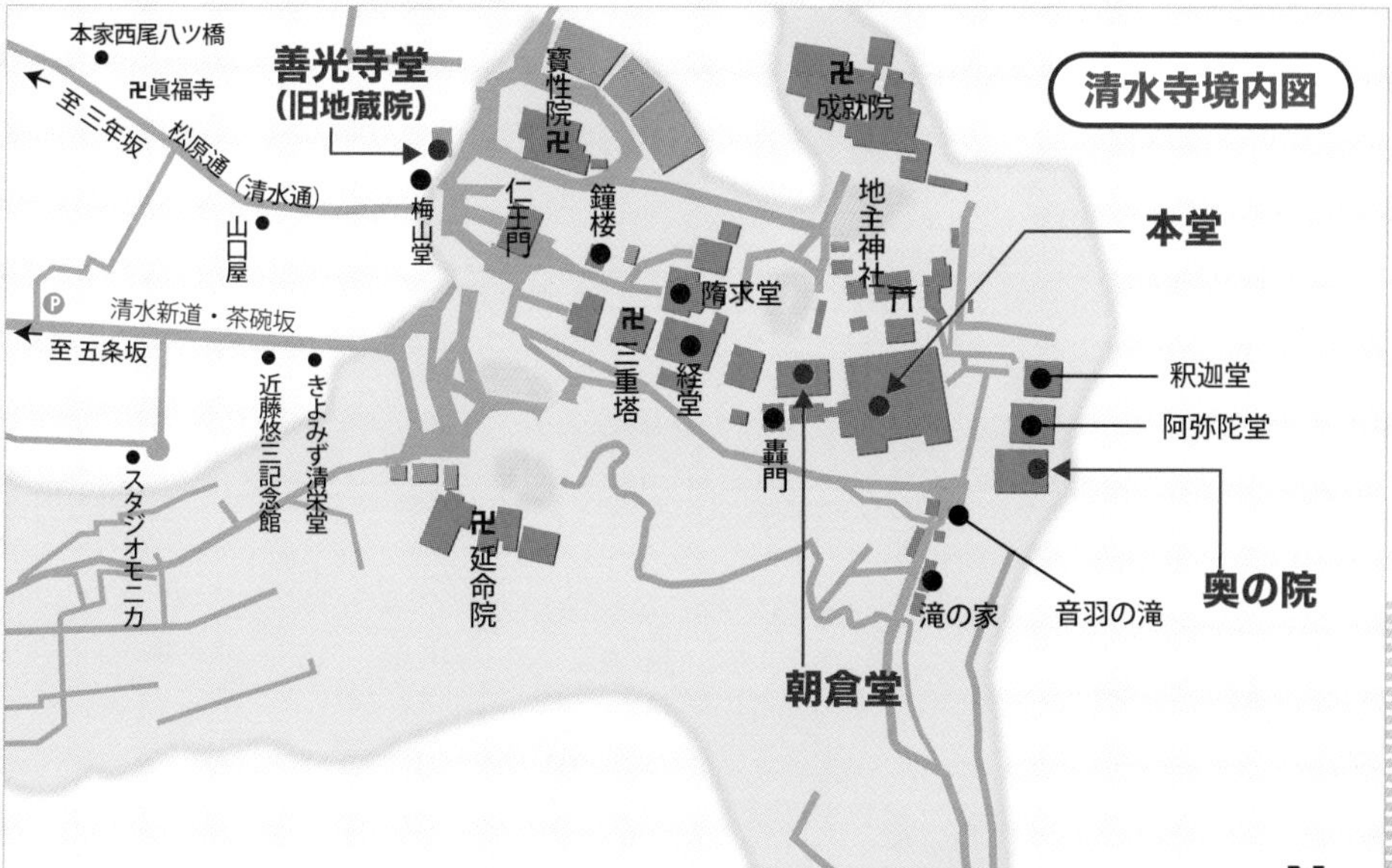

京都観光のメッカともいえる清水の舞台

洛陽三十三所観音巡礼

第十二番札所

MAP P9-F⑫

音羽山　清水寺　本堂

（おとわさん　きよみずでら　ほんどう）

創建は蝦夷征伐で活躍した征夷大将軍の坂上田村麻呂

奈良時代末期、宝亀9年（778）に延鎮上人が夢のお告げにより音羽山中に清滝を発見、長年滝修行を行っていた行叡居士から「観音像を彫刻し寺院を建てよ」と遺命され、清水寺を草創した。さらに、延鎮上人に帰依していた坂上田村麻呂が観音の霊験により東征に勝利できた報謝に本堂を整備したという。

田村麻呂は、蝦夷征伐などで活躍した武官として知られている。娘の春子を桓武天皇の后とするなど、天皇の寵臣として、さらには平安京の守護神として後世に様々な伝説を生んだ人物でもある。

本尊は33年に一度のみ開扉される秘仏の十一面千手観音

本堂は、寛永10年（1633）に再建された大堂で、正面36m強、側面約30m、棟高18mの規模を誇る。堂内は巨大な丸柱により、礼堂である外陣、内陣、内々陣の

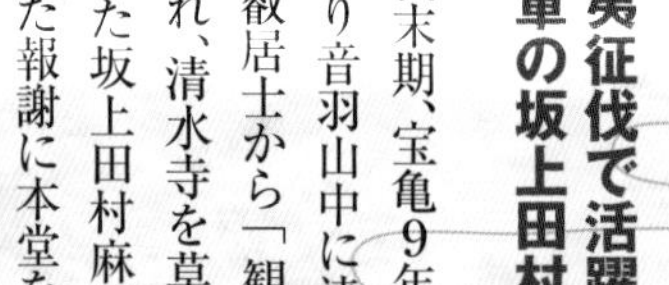
▲蝦夷の首領・阿弖流為と母禮の顕彰碑。

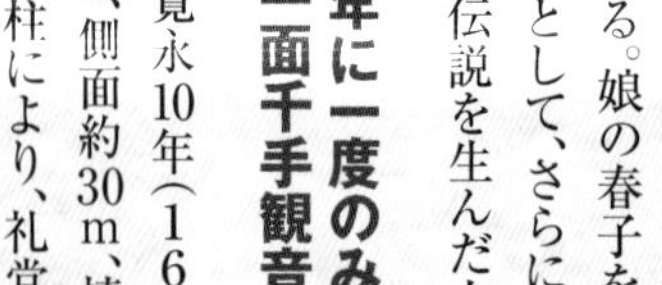
▲正門の仁王門を潜るといよいよ清水寺の境内に入る。

3つに分かれる。優美な曲線をみせる寄棟造りで、屋根は檜皮葺き。軒下の蔀戸など、平安時代の宮殿や貴族の邸宅の優雅さを今に伝える。

本堂最奥の内々陣、須弥壇上にある三基の厨子に、本尊十一面(四十二臂)千手観音と、脇侍の勝軍地蔵菩薩、毘沙門天が祀られている。十一面千手観音は、42本の臂の内、左右の2本を頭上に伸ばし組むという特殊な姿が特徴。三尊像は秘仏で、33年に一度しか開扉されないので、普段は外陣から御正体の懸仏を拝観する。

本堂の前に張り出すのが4階建てのビルに相当する「清水の舞台」。最長約12メートルの巨大な欅の柱を並べ、「懸造り」という手法で、釘を1本も使わずに組み上げた木造建築。舞台は本尊に芸能を奉納するための場所で、平安時代から現代まで、雅楽や能、狂言、歌舞伎など様々な芸能が奉納されてきた。

<DATA>

◉住所／京都市東山区清水一丁目294◉電話／075-551-1234◉拝観料／400円◉拝観時間／6:00〜18:00◉定休日／無休◉交通／市バス「清水道」から徒歩約15分

▲清水寺の開創の起源であり、寺名の由来となった音羽の滝。

◀子安の塔から深い谷を隔てて見る景観は四季を通じて美しい。

▲本堂外陣の西側で参拝者を迎えてくれる出世大黒天像。

▲下から見上げると舞台造りの構造がよくわかる。

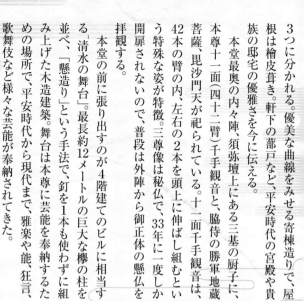

MAP
P9-F⑬

洛陽三十三所観音巡礼
第十三番札所

音羽山 清水寺 朝倉堂

（おとわさん きよみずでら あさくらどう）

▲越前の守護大名・朝倉貞景が寄進した。

永正7年（1510）に応仁の乱で全焼した清水寺が復興した際、清水観音を篤く信仰していた越前国守護職・朝倉貞景が本堂を模し、法華三昧堂として寄進したことから朝倉堂と称する。

その後、江戸時代初めの火災により焼失、正面五間・側面三間、入母屋造・本瓦葺の建築で寛永10年（1633）に再建された。本尊は秘仏の清水型十一面千手観音で、脇侍に地蔵菩薩・毘沙門天を祀る。

―― <DATA> ――

◉住所／京都市東山区清水一丁目294◉電話／075-551-1234◉拝観料／400円◉拝観時間／6:00～18:00◉定休日／無休◉交通／市バス「清水道」から徒歩約15分

MAP
P9-F⑭

洛陽三十三所観音巡礼
第十四番札所

音羽山 清水寺 泰産寺

（おとわさん きよみずでら たいさんじ）

▲高さ 15m の優美な三重塔・子安の塔。

奥の院、音羽の滝をさらに進み、「錦雲渓」と呼ばれる谷を越えた先の小丘に建つ塔頭寺院。高さ15mの優美な三重塔「子安の塔」（国重文）でも知られる。

聖武天皇と光明皇后が御子の誕生を祈願、無事に安産できた御礼に建立されたとの伝説をもつ。本尊は、子安の塔内に祀られる十一面千手眼観音菩薩で、6㎝ほどの小観音を胎内に宿す。古来より安産祈願のお寺として知られる。

―― <DATA> ――

◉住所／京都市東山区清水一丁目294◉電話／075-551-1234◉拝観料／400円◉拝観時間／6:00～18:00◉定休日／無休◉交通／市バス「清水道から徒歩約15分

MAP P9-E⑮

洛陽三十三所観音巡礼

補陀洛山　六波羅蜜寺

（ふだらくさん　ろくはらみつじ）

第十五番札所

空也上人が悪疫退散のため自ら刻んだ十一面観音立像

天暦5年（951）、念仏の祖といわれる空也上人により開創された。上人は当時京都に流行した悪疫退散のため自ら十一面観音立像を刻み、仏像を車に乗せて市中を曳き回った。青竹を八葉の蓮片のように割って茶を立て、その中へ小梅干と結昆布を入れ仏前に献じた茶を病人に授け、歓喜舞踊しつつ念仏を唱えて病魔を鎮めたという。この茶は現在も皇服茶《おうぶくちゃ》として伝わり、正月の3日間、授与されている。

平安時代の後期には広大な寺域内に権勢を誇った平家一門の邸館が栄え、寿永2年（1183）の平家没落の際に兵火を受け、本堂のみ焼失を免れた。

本尊の十一面観音立像をはじめ、開創の空也上人像、平清盛坐像など国宝、重要文化財など多くの寺宝を有する。

<DATA>

◉住所／京都市東山区五条通大和大路上ル東入◉電話／075-561-6980◉拝観料／無料◉拝観時間／8:00〜17:00◉定休日／無休◉交通／市バス「清水道」から徒歩約5分

▲空也上人が刻んだ十一面観音立像を祀る。

▲かつては広大な寺域を誇っていた。

▲平家ゆかりの清盛塚や阿古屋塚が立つ。

MAP
P9-E⑯

洛陽三十三所観音巡礼

寿福山 仲源寺
（じゅふくざん ちゅうげんじ）

第十六番札所

▲賑やかな四条通り沿いに、ひっそりと佇む寺院。

▲観音堂には千手観音菩薩像が安置される。

▲本尊の目疾地蔵は大いに崇敬を集める。

男女の仲を取り持つという平安時代作の千手観音菩薩像

地蔵菩薩を本尊とする浄土宗の寺院。一般に「目疾地蔵」の名でも知られ、眼病の霊験で庶民の信仰を集めている。寺伝によると、平安時代中期に活躍した仏師定朝が開山となって創建されたとも伝えられ、当初は四条橋の東北にあったとされる。

鎌倉時代の安貞2年（1228）、鴨川が大雨で洪水となった際、防鴨河使に任ぜられた中原氏が、当寺の地蔵尊に止雨を祈ったところ雨が止み洪水も治まった。この時、朝廷から「仲源寺」の寺号を下賜され、「雨止（あめやみ）」が転じて「目疾（めやみ）」になったともいう。観音堂には平安時代の作で重要文化財に指定されている千手観音菩薩像が安置され、仲違いになった男女の仲を取り持つ御利益があるとされている。

<DATA>

◉住所／京都市東山区四条通大和大路上ル東入祇園町南側585◉電話／075-561-1273◉拝観料／無料◉拝観時間／9:00～17:00◉定休日／無休◉交通／京阪「祇園四条駅」から徒歩約1分

第十七番札所

洛陽三十三所観音巡礼

蓮華王院［三十三間堂］

（れんげおういん［さんじゅうさんげんどう］）

MAP P9-E⑰

中尊・千手観音坐像の左右には1000体もの観音像が立ち並ぶ

平安末期に院政を行った後白河上皇が離宮として造営した法住寺殿の一画に、上皇の発願で観音信仰の中心仏堂として平清盛が長寛2年（1164）に造進したのをはじまりとする。その後、建長元年（1249）に焼失、後嵯峨上皇の援助により文永3年（1266）に復興落慶した。

一般に呼ばれる三十三間堂とは、御堂内陣の柱間が三十三に及ぶ長大なことから創建当初からそのように通称されていた。

堂内中央には丈六の中尊・千手観音坐像を安置。その左右、長大な階段状の仏壇には1000体の等身大・千手観音立像が各10段50列に並ぶ。千手観音立像は本尊の背後にも1体あって合計1001体を数え、その姿は壮観のひとこと。

<DATA>

◉住所／京都市東山区三十三間堂廻り町657◉電話／075-561-0467◉拝観料／600円◉拝観時間／8:30〜17:00（11月16日〜3月31日は9:00〜16:00）※受付は閉堂の30分前◉定休日／無休◉交通／市バス「博物館三十三間堂前」から徒歩すぐ

※写真は全て妙法院の提供

▲堂内には中尊千手観音坐像を含め1001体もの千手観音像が並ぶ。

▲御堂内陣の柱間が33に及ぶ長大なことから三十三間堂の名が付いた。

▲秋が深まると美しい深紅の紅葉が境内を彩る。

MAP P9-I⑱

善能寺（ぜんのうじ）

洛陽三十三所観音巡礼

第十八番札所

▲本堂には本尊・聖観世音菩薩が祀られる。

▲句碑を刻んだ三尊石組がユニークな庭園。

▲ばんだい号など航空殉職者の回向を続ける。

聖観世音菩薩とともに陀枳尼尊天を祀る

鎮守社の下段に位置する泉涌寺の塔頭寺院。大同元年（806）、弘法大師空海の創建といわれ、もとは西八条猪熊二階堂町にあった平城天皇の勅願所だったが、天文24年（1555）に後奈良天王の叡慮により泉涌寺山内に移された。

本尊は本堂に安置される聖観世音菩薩。また、陀枳尼尊天を祀る最初の寺院ともいわれ、国稲荷神の本地仏としての信仰がある。陀枳尼尊天は、仏教の神でインドのヒンドゥー教の女鬼に由来し、一般に白狐に乗る天女の姿で表され、剣、宝珠、稲束、鎌などを持ち物とする。

また当寺は、戦後に北海道横津岳で遭難した航空機・バンダイ号をはじめ航空殉職者の慰霊と事故の絶無を祈願する祥空殿を建律し、回向を続けている。

<DATA>

◉住所／京都市東山区泉涌寺山内町34
◉電話／075-561-1551◉拝観料／無料
◉拝観時間／9:00～16:30（3月～11月は9:00～16:00）◉定休日／無休◉交通／市バス「泉涌寺道」から徒歩約10分

第十九番札所

洛陽三十三所観音巡礼

MAP
P9-I⑲

新那智山　今熊野観音寺

（しんなちざん　いまくまのかんのんじ）

頭痛平癒に霊験あらたかな空海自刻の十一面観世音菩薩像

平安時代のはじめ天長年間（８２４～３４）、嵯峨天皇の勅願により空海（弘法大師）が創立したといわれる。応仁の乱で焼失したが、正徳年間（１７１１～１６）に本堂や庫裏が再建された。

本尊は空海が熊野権現の化身の翁から授かった一寸八分の観音像を胎内仏として、自ら一刀三礼して彫刻した十一面観世音菩薩。頭の観音様として古くから朝野の信仰が厚く、特に後白河法皇が頭痛平癒の御霊験を受けられ、以降、新那智山と号し、今熊野観音寺と称された。今も、頭痛平癒、智恵授け、頭の観音様として信仰を集めている。

秋の紅葉の時期は本堂、大師堂などの堂宇が、すっぽりと紅葉に包まれて、ひときわ美しく、多くの参詣客や観光客で賑わう。

<DATA>

◉住所／京都市東山区泉涌寺山内町32
◉電話／075-561-5511◉拝観料／無料◉拝観時間／8:00～17:00◉定休日／無休
◉交通／市バス「泉涌寺道」から徒歩約10分

▲空海作の本尊・十一面観音像を祀る本堂。

▲鳥居橋を渡り今熊野観音寺の境内へ。

▲寺院開基の弘法大師空海を祀る大師堂。

楊貴妃観音を安置する観音堂は織田信長建立。

MAP
P9-I⑳

洛陽三十三所観音巡礼

第二十番札所

東山 泉涌寺
（とうざん せんにゅうじ）

後鳥羽院以来、皇室に信仰され「御寺」とも称される名刹

空海がこの地に草庵を営んだのがはじまり。主要な伽藍が整ったのは嘉禄2年（1226）で、開山月輪大師が、宇都宮信房から寺地の寄進を受け、宋の法式を取り入れて造営した。この伽藍の建設中に清らかな泉が湧き出したことが寺名の由来となった。鎌倉時代になり後鳥羽上皇が深く信仰したことにより、皇室との関係が深まった。広大な敷地の境内には月輪稜をはじめとする天皇陵を含めて、皇室関係の陵墓が25陵もあるため、「御寺」と称されている。

唐の玄宗皇帝が亡き楊貴妃の冥福を祈り造顕された観音様

大門を入って左手奥に観音堂が建つ。堂内には重要文化財の楊貴妃観音像が安置されている。建長7年（1255）、湛海律師が羅漢像などとともに中国の宋から請来された仏像で、唐の玄宗皇帝が亡き楊貴妃

▲王朝時代の雅を伝える御座所はこのお堂の奥。

▲境内の一画に建つ切妻式の建築が目を引く浴室。

の冥福を祈って造顕されたといわれる。宝相華唐草透かし彫りの宝冠をいただき、手にも宝相華を持ち、彩色が多く、まるで生きているように端坐する像容の美しさと尊さは、人々の心を捉えて離さない。

請来された後は、１００年目毎に開扉されてきた秘仏であったが、昭和30年（１９５５）からは厨子の扉が開かれ、参拝ができるようになった。

境内には仏殿、舎利殿、霊明殿をはじめとした堂宇が立ち並び、真言宗泉涌寺派の大本山としての格式を誇っている。

さらに明治天皇の御殿を京都御所から移した御座所もある。御座所内には王朝時代の雅を今に伝える襖絵や歴代天皇の遺品の他、四季折々に美しい表情を見せる庭園も名高い。

また、山内には、雲龍院、来迎院、悲田院など、歴史と貴重な史跡をもつ多くの塔頭寺院が点在している。

<DATA>

◉住所／京都市東山区泉涌寺山内町27◉電話／075-561-1551◉拝観料／500円◉拝観時間／9:00～16:30（12月1日～2月末日は～16:00）◉定休日／無休◉交通／市バス「泉涌寺」から徒歩約10分

▲御座所庭園の雪見灯篭。

◀重要文化財に指定される堂々とした仏殿。

▲25陵、5灰塚、9墓が営まれている月輪陵。

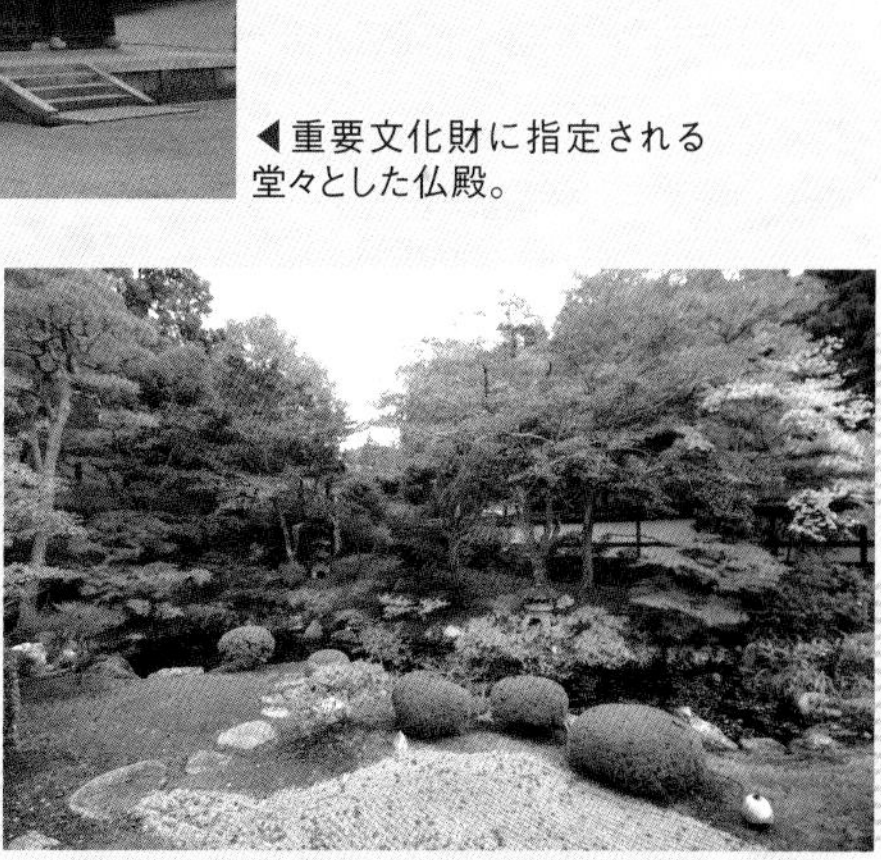

▲四季折々の表情が美しい御座所庭園はぜひ見ておきたい。

MAP
P9-I㉑

洛陽三十三所観音巡礼
第二十一番札所

大悲山 法性寺

(だいひざん ほうしょうじ)

▲左大臣藤原忠平が創建したと伝わる。

▲110cmと小柄な本尊は厄除観音の名で崇敬を集める。

▲藤原氏ゆかりのかつての大寺も今は一堂を残すのみ。

厄除観音とも称される 二十七面千手観音菩薩

延長2年(924)に左大臣藤原忠平が創建。藤原氏の隆盛とともにその氏寺として寺域も拡大、平安時代を通じて大いに栄えた。特に忠平の8代の末孫忠通の頃には、金堂・五大堂・灌頂堂など百棟を超える堂宇が建ち並び、京洛二十一ヶ寺の一つに数えられた。

藤原氏の没落とともに今は小規模な尼寺となっているが、長い歴史を経てきた名刹として凛とした佇まいをみせている。本尊の二十七面千手観音菩薩は、旧法性寺の創建当時から伝わる仏像で国宝に指定されている。像高は110cmと小柄で、桜の一木から頭部、体部を彫り出し、異形の像として知られる。灌頂堂の本尊とも伝えられ「厄除観音」の名でも知られている。

<DATA>

◉住所／京都市東山区本町16丁目307◉電話／075-541-8767◉拝観料／無料◉拝観時間／9:00～16:00◉定休日／無休◉交通／JR・京阪「東福寺駅」から徒歩約5分

MAP
P9-H㉒

洛陽三十三所観音巡礼
第二十二番札所

瑞宝山　城興寺

（ずいほうざん　じょうこうじ）

慈覚大師円仁が帰朝の無事を祈り造作した千手観世音菩薩

藤原氏の全盛期を築いた関白藤原道長の孫で、九条太政大臣と呼ばれた藤原信長は、この地に広大な邸宅・九条殿を構えていた。

応徳2年（1085）に邸内に丈六佛を安置する九条堂を建て、城興院と名付けた。3代後の関白藤原忠実がこの地を相続し、保安3年（1122）に白河法皇の院宣をもって盛大な伽藍供養が行われ、鎮護国家の道場とした。

応仁の乱で多くの堂宇を焼失、昔日の感を失うも江戸時代に入り千手観音を信仰する善男善女で賑わった。本尊の千手観世音菩薩は円仁（慈覚大師）が承和5年（838）に遣唐使の一員として入唐した時に、無事の帰朝を念じて船中で造作した観音様で秘仏として祀られている。

<DATA>

◉住所／京都市南区東九条烏丸町7-1◉電話／075-691-3614◉拝観料／無料◉拝観時間／9:00～16:30◉定休日／無休◉交通／地下鉄「九条駅」から徒歩約2分

▲慈覚大師円仁造作の秘仏観音像を本尊とする。

▲白河法皇より鎮護国家の道場とされた。

▲病気平癒などに御利益がある薬院社が鎮座する。

札所本尊を安置する食堂で御朱印をいただく。

MAP P9-G㉓

洛陽三十三所観音巡礼　第二十三番札所

八幡山　東寺　（はちまんさん　とうじ）

【教王護国寺】［きょうおうごこくじ］

正式名は教王護国寺 空海が開いた真言密教の根本道場

平安京を造営した桓武天皇は、その表玄関の羅城門の東西に、官寺である東寺と西寺を建立した。

東寺は平安遷都の2年後の延暦15年（796）に創建された。後に嵯峨天皇から空海（弘法大師）に下賜され、正式に教王護国寺と称して真言密教の根本道場となった。

多数の国宝・重要文化財を有するが、講堂に安置された密厳浄土の世界を表す二十一体の仏像などの諸尊にみる密教美術の壮観さには圧倒される。また、京都駅からも眺めることができる、お馴染の五重塔は高さ約55mで、我が国に現存する古塔として最も高く国宝に指定されている。

食堂に安置されていた千手観音像は 理源大師聖宝が自刻した仏様

講堂の後方、境内の北寄りに建つ食堂には千手観

▲東寺の境内には堂々とした伽藍が建ち並ぶ。

▲奉納された額が信仰の篤さを物語る。

音像が本尊として安置されていた。この千手観音像は、醍醐寺の開祖聖宝（理源大師）が自ら彫られた観音像として知られ、現在は修復され宝物館に保存されている。

食堂は空海の没後の9世紀末から10世紀初めに完成したが、昭和5年（1930）の火災で焼失、千手観音も焼損、現在の建物は昭和8年（1933）に完成した。（十一面観音像が本尊）。元来僧侶が集まり食事修行を行ったお堂で、食堂の語源となった。南北朝時代には、足利尊氏が住居したことでも知られる。

築地塀に囲まれた西院にある大師堂は御影堂とも呼ばれ、空海の住居跡に建てられている。毎月21日の弘法市は、京都市民から「弘法さん」の名で親しまれる縁日。広い境内に骨董品からガラクタまで1000件以上の露店が並ぶ弘法市が開かれ、多くの人々で賑わう。

<DATA>

◉住所／京都市南区九条町1◉電話／075-691-3325◉拝観料／金堂・講堂500円◉拝観時間／8:00〜17:00◉定休日／無休◉交通／市バス「東寺東門前」「東寺西門前」下車、徒歩すぐ

◀高さ約55mの五重塔は東寺のシンボル。

▲お堂の横には願い事が書かれた絵馬が。

▲毎月21日の弘法市には1000軒を超える露店が出る。

▲火災にあった食堂は昭和8年に再建された建造物。

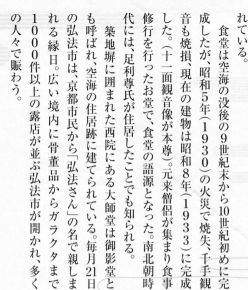

▲聖観音菩薩像を安置する観音堂。

MAP
P9-D㉔

洛陽三十三所観音巡礼
第二十四番札所

延命山 長圓寺
（えんめいざん ちょうえんじ）

▲本堂や庫裏が建つ境内には仏足石などが置かれている。

▲慈覚大師作の弥陀三尊を安置する本堂。

疫病除けに霊験あらたかな観音様を祀る

観音堂内に安置される聖観音菩薩像は、比叡山横川《よかわ》の恵心僧都の作と伝わる。平安時代の一条天皇の治世に疱瘡が流行した際、これを嘆いた大納言藤原親衡が恵心僧都に観音像の制作を依頼、宮中に奉安し、21日間祈願法要したところ、たちまち疱瘡が治まったといわれる。これ以来、疫病除けの霊験あらたかな観音様として信仰されている。

長圓寺は慶長13年（1608）、京都所司代の板倉勝重が清厳和尚を講じて建立した。勝重は清厳に帰依し、約800坪の寺地を寄進し、本堂・庫裏などを建設した。寺名は勝重の諱・長圓院にちなむ。観音菩薩像は、長圓寺創建より先に清厳和尚が比叡山から移して空き地となっていたこの地に小庵を構え、祀ったといわれている。

<DATA>

◉住所／京都市下京区松原通大宮西入中堂寺西寺町33◉電話／075-841-2903◉拝観料／無料◉拝観時間／9:00～16:00◉定休日／無休◉交通／市バス「大宮松原」から徒歩約5分

MAP
P9-I㉕

第二十五番札所

洛陽三十三所観音巡礼

法音院
（ほうおんいん）

人々を救済する投げ縄をもつ一面三眼八臂の観音様

鎌倉時代末期の嘉暦元年（1326）に無人如導宗師によって泉涌寺山内に創建された。その後、兵火で焼失するも江戸時代初期の寛文4～5年（1664～65）に、幕府と駿州田中城主本多正貫の支援を得て、現在地に再興された。これ以降、本多家の京都における菩提寺として当主の位牌が幕末まで当寺に安置された。

本尊の不空羂索《ふくうけんさく》観音は、人を救う羂索「投げ縄」をもつ一面三眼八臂の観音様。人々に現世では病なく、財宝を与え、水難火難を除く。さらに、敬われ慈悲の心で暮らすことができ、死に臨んでは苦しみなく浄土に導かれるなどのご利益を得るという。

書院は伏見桃山城の遺構の一部とされ、泉涌寺七福神の寿老人を祀る。

<DATA>

◉住所／京都市東山区泉涌寺山内町30◉電話／075-551-0961◉拝観料／無料◉拝観時間／9:00～16:30◉定休日／無休◉交通／市バス「泉涌寺道から徒歩約5分

▲人を救う投げ縄をもつ観音様を安置する。

▲泉涌寺七福神の寿老人もお祀りする。

▲駿州田中城主本多家の菩提寺でもある。

MAP
P9-D㉖

洛陽三十三所観音巡礼
第二十六番札所

長栄山 正運寺

（ちょうえいざん しょううんじ）

▲加藤清正の重臣飯田直景を開基とする。

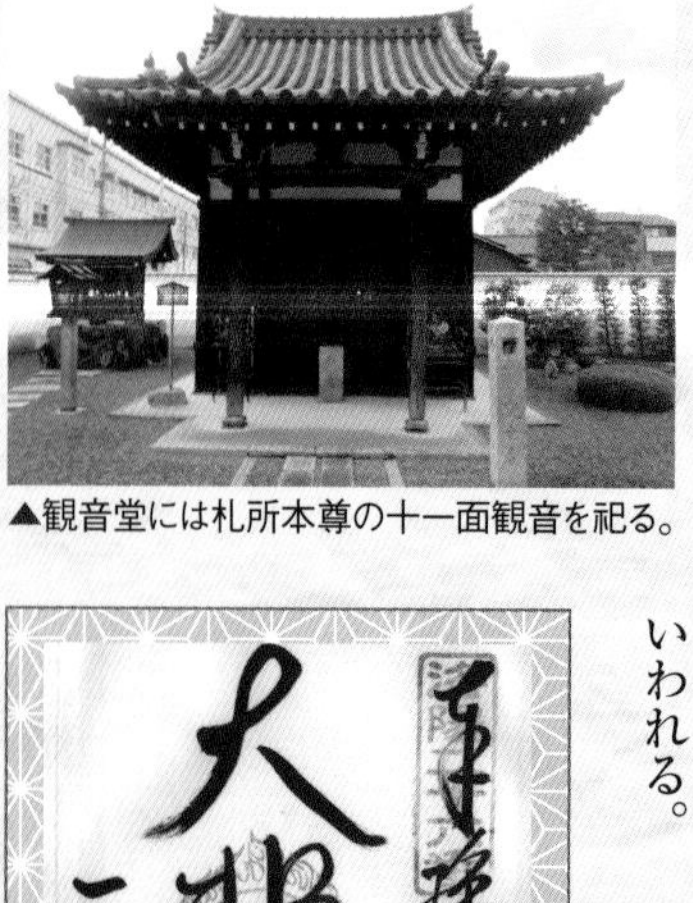

▲観音堂には札所本尊の十一面観音を祀る。

▲浄土宗鎮西派の寺院で阿弥陀如来が本尊。

安産で有名な十一面観音菩薩は長谷寺本尊と同木の作とされる

加藤清正の重臣・飯田覚兵衛尉直景を開基とし、深誉上人を開山とする。はじまりは、関ヶ原の合戦が行われた慶長5年（1600）で浄土宗鎮西派に属し、本尊として阿弥陀仏像を安置する。

観音堂に安置される十一面観音菩薩像は、大和国長谷寺の本尊と同木の作といわれる。

天明の大火の時に火中の中で厨子とともに焼け残ったものを、仏師の運慶が室内で輝く一尺二寸の観音菩薩像を見つけ、正運寺に祀ったとも伝えられている。

また、寺伝によると十一面観音を参詣した身重の女性が、当寺において無事に出産したことから、「安産寺」として女性の信仰を集め、参詣者が多かったといわれる。

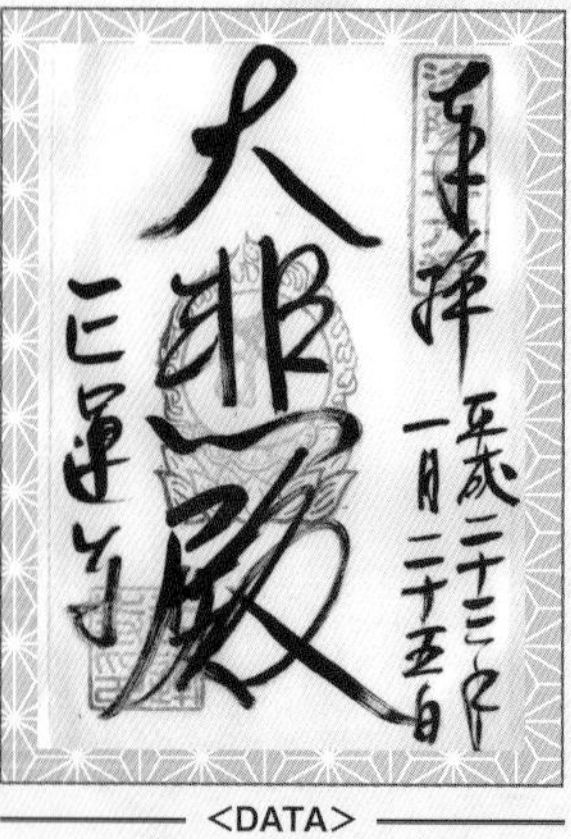

<DATA>

◉住所／京都市中京区蛸薬師通大宮西入因幡町112◉電話／075-841-0567◉拝観料／無料◉拝観時間／9:00～16:00◉定休日／無休◉交通／阪急「大宮駅」から徒歩約5分

洛陽三十三所観音巡礼

第二十七番札所

MAP
P9-E㉗

福聚山 平等寺［因幡堂］

（ふくじゅざん びょうどうじ）［いなばどう］

北野天満宮に安置されていた二体の十一面観音を祀る

因幡堂あるいは因幡薬師の通称名で知られる。本尊の薬師如来像（国重文）は、「日本三如来」の一つに数えられている。

『京都因幡堂平等寺略縁起』によると、中納言橘行平が赴任先の因幡国から帰京の折り急病になったとき、夢の中に異形の僧が現れ「因幡国の賀留津の海中にある浮木を供養すれば病気は治るだろう」と語った。行平が京の邸に帰ると、門の前に因幡で出会った薬師如来の尊像が立っていた。行平は驚いて尊像を碁盤の上に安置し、屋敷にお堂を造り、因幡堂と名付けた。

洛陽三十三所の札所本尊は、もと北野天満宮に安置されていた二体の十一面観音で、境内の観音堂に祀られている。

<DATA>

◉住所／京都市下京区松原通烏丸東入因幡堂町728◉電話／075-351-7724◉拝観料／無料◉拝観時間／8:00～17:00◉定休日／無休◉交通／市バス「烏丸松原」から徒歩約2分

▲京の街中に建つ古い歴史をもつ寺院。

▲札所本尊は二体の十一面観音像。

▲日本三如来に数えられる本尊を祀る本堂。

唯一の塔頭中院に十一面観世音菩薩を祀る

MAP
P9-D㉘

洛陽三十三所観音巡礼
第二十八番札所

壬生寺 中院
（みぶでら ちゅういん）

重要無形文化財に指定される年3回の壬生狂言で知られる

壬生寺は京都では珍しい律宗の大本山で、快賢僧都により正暦2年（991）に、自身の母のために建立された。本尊として延命地蔵菩薩を祀り、古来より地蔵信仰とともに、厄除け開運の寺として庶民の信仰を集めてきた。

中世になり融通念仏の円覚上人が中興。700年もの歴史をもち、重要無形文化財に指定されている融通念仏による壬生の「大念仏狂言」（壬生狂言）は、円覚上人が始めた。毎年、春（4月29日～5月5日の7日間）・秋（10月の連休をはさむ3日間）・節分（2月の節分当日とその前日の2日間）の時期に盛大に開催される。

幕末には京都の治安維持を目的に活動した新選組の本拠が壬生村の八木家や前川家に置かれたため、壬生寺の境内は新選組の兵法調練場に使われ、武芸や射撃などの訓練が行われた。そうした縁で、境内には

▲芹沢鴨ら新選組の墓所である壬生塚。

▲子供の夜泣き止めに御利益がある夜泣き地蔵。

近藤勇（新選組局長）の銅像や、新選組隊士の墓である壬生塚などが残る。

中院の本尊は鎌倉時代作の十一面観世音菩薩像

洛陽三十三所の札所である壬生寺塔頭の中院は、昔は中之坊と呼ばれ、寛永年間（1624〜44）に本良律師により開かれた。

本尊は中院本堂に安置される鎌倉時代作の十一面観世音菩薩。壬生寺の再興時に、大きな働きをした平宗平の子・政平の発願により新造された諸仏の内の一体である。宗平は相模国に本拠を構える坂東平氏で源頼朝挙兵の際に、その軍の中核をなした。

かつて壬生寺には11の塔頭があったが、江戸時代の大火や明治維新の廃仏毀釈などにより、今は中院だけとなった。

<DATA>

◉住所／京都市中京区壬生梛ノ宮町31壬生寺内◉電話／075-841-3381◉拝観料／無料◉拝観時間／9:00〜16:00◉定休日／無休◉交通／市バス「壬生寺道」から徒歩約5分

◀境内では春と秋、節分に壬生狂言が催行される。

▲境内にあってどこからでも目を引く千体仏塔。

▲地蔵信仰とともに厄除け開運の御利益で人気の寺院。

▲京都では珍しい律宗の大本山として知られる。

▲皇室の崇敬篤い観音様を安置する本堂。

MAP
P9-A㉙

洛陽三十三所観音巡礼
第二十九番札所

竹林山 福勝寺
（ちくりんざん ふくしょうじ）

▲秀吉の武運祈願からひょうたん寺ともいう。

▲御所の左近の桜を分木した桜が植えられている。

江戸初期に後西天皇の勅願を受けた聖観音菩薩

空海（弘法大師）により河内国に創建されるも衰退、正嘉年間（1257～59）になって東寺（教王護国寺）の長者である覚済上人により京都に再興された。以降、3度の移転を経て現在地に移った。

豊臣秀吉は福勝寺の歓喜天を篤く信仰し、出陣の都度武運を祈願して瓢箪を奉納した。こうしたことから当寺は別名「ひょうたん寺」とも呼ばれている。

また、安土桃山時代から江戸時代初めに在位した後陽成天皇と後西天皇は福勝寺を勅願寺とされた。本堂脇壇に安置される聖観音菩薩は後西天皇の勅願を受けた仏様。その願い事が成就した後に、「観世音菩薩」の名号とともに、御所の左近桜を分木して下賜された。以降、福勝寺のことを「桜寺」と呼びならわすようになったという。

<DATA>

◉住所／京都市上京区出水通千本西入ル七番町323-1◉電話／075-841-5818◉拝観料／無料◉拝観時間／9:00～16:30（毎月1日と16日は本堂内参拝可・参拝料：無料）◉定休日／無休◉交通／市バス「千本出水」から徒歩約1分

MAP
P9-A㉚

洛陽三十三所観音巡礼

第三十番札所

椿寺《つばきでら》 地蔵院《じぞういん》

秀吉・清正ゆかりの散り椿と円仁自刻の十一面観音菩薩像

奈良時代の高僧、行基菩薩が神亀3年（726）に聖武天皇の勅願により一宇を創建したのがはじまりとされる。

平安時代には衣笠山の南に七堂伽藍を誇ったが戦乱により灰燼に帰した。その後、室町幕府3代将軍足利義満が金閣造営の余材で仮堂を建て、再興した。

俗にいう椿寺という呼び名は、この寺にある散り椿に由来する。この椿は五色八重で北野大茶会の縁により秀吉が献木し、現在の木は二代目にあたる。春のひと時、赤、桃、白、絞りなどの花が木一杯に咲き、その花弁が木の下に絨毯のように広がる。

観音堂には平安時代前期の作で、円仁（慈覚大師）作と伝わる一木作りの十一面観音菩薩像が祀られる。

<DATA>

◉住所／京都市北区一条通西大路東入ル大将軍川端町2◉電話／075-461-1263◉拝観料／無料◉拝観時間／9:00～16:00◉定休日／無休◉交通／市バス「北野白梅町」から徒歩約3分

▲観音堂には円仁作の十一面観音が安置される。

▲加藤清正が秀吉に献上した散り椿。

▲足利義満が金閣造営の際に再興した。

MAP P9-A㉛

洛陽三十三所観音巡礼

第三十一番札所

朝日山 東向観音寺

（あさひざん ひがしむきかんのんじ）

▲菅原道真作の十一面観音を本尊として祀る。

▲道真が幼少の頃勉学に励んだ場所という。

▲境内の一画に道真の母・伴氏の廟がある。

菅原道真が自ら刻んだ十一面観音菩薩を本尊とする

桓武天皇の勅願によって創建された朝日寺を前身とする。当寺の場所は、稀代の学者・政治家であり、没後、学問の神様として北野天満宮に祀られた菅原道真が幼少の頃に勉学に励んだ所と伝わる。本尊の十一面観音菩薩は道真自身の作で、天満宮が建立された後の応和元年（961）に筑紫の観世音寺から請来し安置されたとされる。

鎌倉時代末期になり、無人如導宗師が中興。南北両朝の天皇や足利尊氏の帰依を受け、北野天満宮の神宮寺として繁栄し、本尊は天神の本地仏として信仰を集めた。本堂が東を向くことから東向観音と称される。

その後、応仁の乱や火災で焼失したが、現在の本堂は豊臣秀頼により再建され、江戸時代になり、一條家の祈願所となった。

<DATA>

◉住所／京都市上京区今小路通御前西入上ル観音寺門前町863◉電話／075-461-1527◉拝観料／無料◉拝観時間／9:00～16:30◉定休日／無休◉交通／市バス「北野天満宮前」から徒歩約2分

MAP
P9-B㉜

洛陽三十三所観音巡礼

日本廬山 廬山寺
(にほんろざん ろざんじ)

第三十二番札所

▲飛鳥仏の面影を残す如意輪観音を本尊とする。

比叡山天台18世座主良源(元三大師)によって創建。応仁の乱で焼失した後、豊臣秀吉の寺町建設によって現在地に移った。この地は紫式部が育ち、未婚時代を過ごしたという堤第があったところ。

式部はここで『源氏物語』を執筆したとされる。廬山寺の本尊如意輪観音は鎌倉時代の作であるが、飛鳥仏の姿貌を残す貴重で霊験あらたかな仏様。現在はお前立ちのみ、元三大師堂内に安置されている。

<DATA>

◉住所／京都市上京区寺町通広小路上ル◉電話／075-231-0355◉拝観料／無料◉拝観時間／9:00～16:00◉定休日／無休◉交通／市バス「府立医大病院前」から徒歩約5分

MAP
P9-A㉝

洛陽三十三所観音巡礼

清和院
(せいわいん)

第三十三番札所

▲元清和天皇の仙洞御所を寺院に改めた。

摂関家の礎を築いた藤原良房の邸・染殿第の南に創建された仏心院に由来する。嘉祥3年(850)良房の孫として誕生した清和天皇が仙洞御所として染殿第に住まわれ、天皇が譲位した後に、清和院に改められた。

本堂脇壇に安置されていた聖観音菩薩(重文・現在は九州国立博物館蔵)は、平安初期彫刻の優れた特色をよく残し、江戸時代には洛陽七カ所観音の一つとして厚い信仰を集めた。

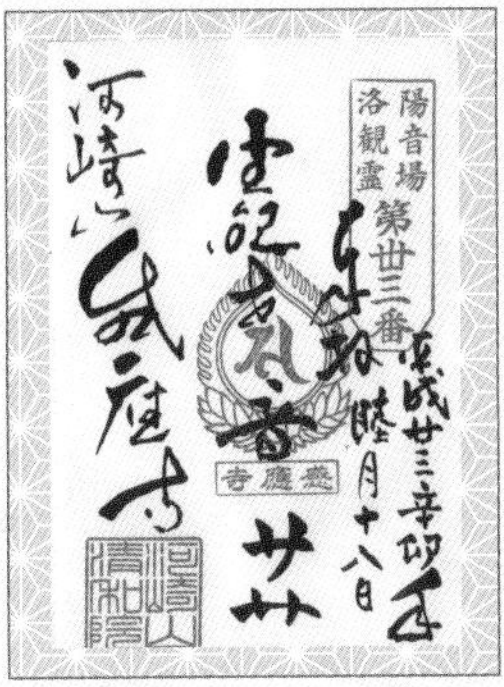

<DATA>

◉住所／京都市上京区七本松通一条上ル一観音町428-1◉電話／075- 461-4896◉拝観料／無料◉拝観時間／9:00～16:00◉定休日／無休◉交通／市バス「上七軒」から徒歩約2分

コラム

洛陽三十三所・洛西三十三所をめぐるコツ

洛陽三十三所観音巡礼

コツ

洛陽、洛西ともに三十三所巡りに順番の決まりはない。札所の番号は歩いて巡るしかしか手段がなかった昔、巡りやすいように順番を決めていた。従って、今は近くにある札所をまとめてお参りするのが効率が良い。

　洛陽三十三所の場合は平坦な京都市内に札所が点在しているので、短い日程で全てを巡ろうと思えばレンタサイクルを利用するのもおすすめ。がんばれば1日10ヶ所として3日間で巡ることができる。もちろん、京都の近くに在住であれば、ゆったりと時間をかけて古都の四季を感じながら少しずつ歩いて巡ってみるのもよい。

　京都の街中に網の目のように張り巡らされている路線バスや地下鉄を使うのは便利だが、乗用車の利用は狭い一方通行も多いことから注意が必要。

移動の足は市バスあるいは鉄道が便利。「城興寺」は地下鉄の駅から近い。

京都の街中は狭い道が多いため乗用車は不向き。「大蓮寺」もそんなお寺。

洛西三十三所観音霊場

コツ

洛西観音霊場の札所は4つの番外を合わせて37ヵ所になる。

　全ての札所を歩いて回るにはかなりの健脚の人であれば4日間あれば可能。但し、善峯寺や金蔵寺、三鈷寺などの山岳寺院への道のりはかなり厳しい箇所があるので、歩きやすい場所のみ徒歩で回り、その他はレンタサイクルや乗用車、路線バスなどを用いてもよい。（金蔵寺へ車で行く場合は狭い悪路のため四駆の軽自動車が無難。レンタサイクルは阪急大崎、洛西口、桂駅にある。）

　また、洛西三十三所観音霊場の多くの寺院は地元に溶け込んだ小さなお寺が多く、法事などで留守がちの寺院もあるので、お参りの前に一度電話をかけて確認をしておくとよいだろう。無住の寺院は他の札所で御朱印がいただける。

厳しい悪路を行くことになる「金蔵寺」は乗用車なら四駆の軽自動車が無難。

小さな洛西の寺院は事前の連絡が無難。無住の「常楽寺」などのお寺もある。

洛西三十三所観音霊場

【らくさいさんじゅうさんしょかんのんれいじょう】

京都西部の西山地域に置かれた観音霊場で、西方浄土を思い起こさせることから古から阿弥陀信仰や観音信仰が盛んな土地であった。この地では観音講が組まれ西国三十三所への巡礼が盛んに行われていた。しかし、西国三十三所巡礼には時間や費用がかかることから、西国三十三所を模したうつし霊場の西岡の三十三所がおかれた。起源は室町時代とも江戸時代ともいわれているが、明治維新の廃仏毀釈で中断、昭和53年（1978）3月に4番札所西迎寺の住職の呼びかけにより洛西三十三所観音霊場の名で再興された。霊場は三十三番までの札所と番外札所4か所の37寺院で構成される。

古くから観音信仰が盛んな西山の観音霊場を巡り、御朱印を受ける

洛西三十三所観音霊場全体マップ

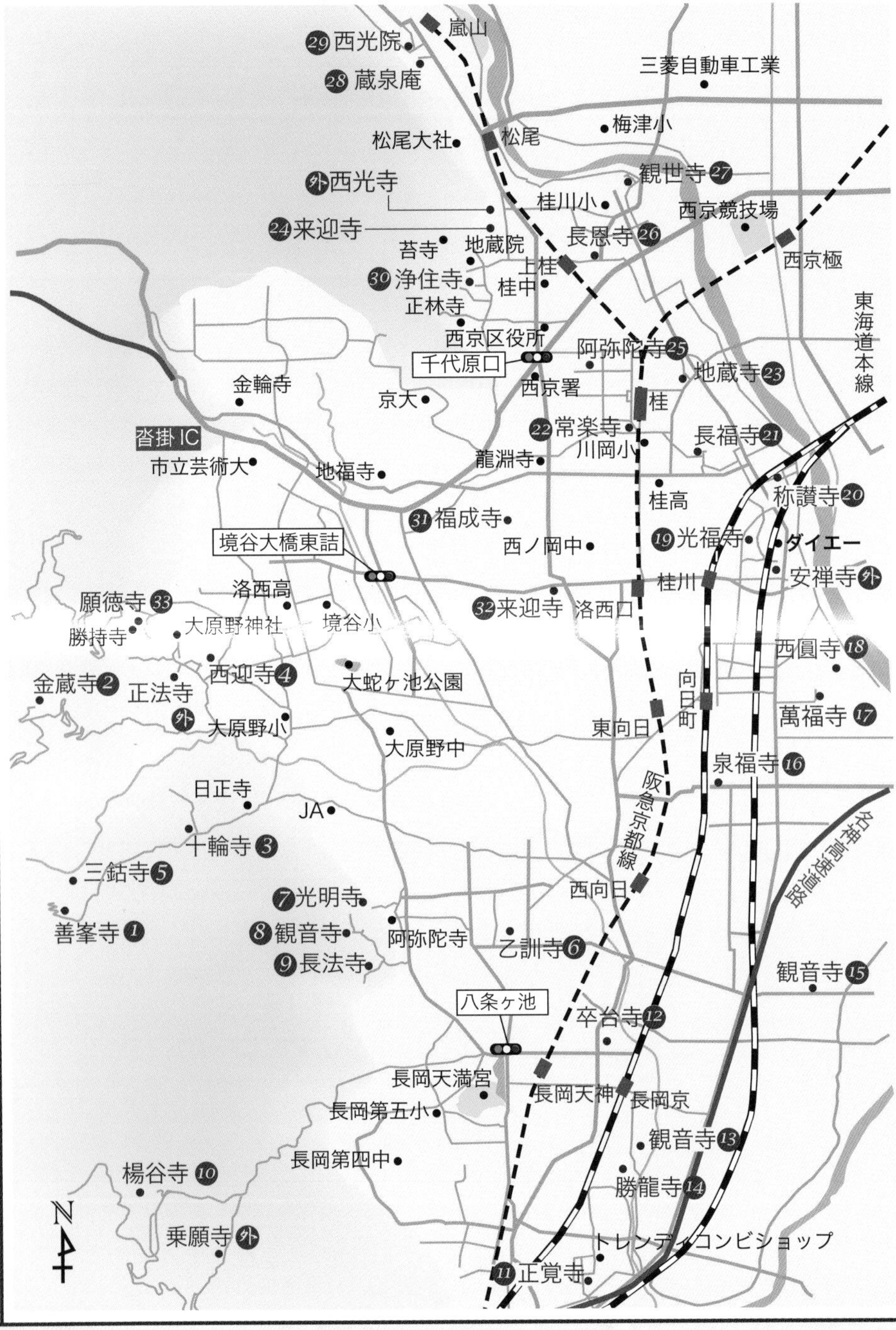

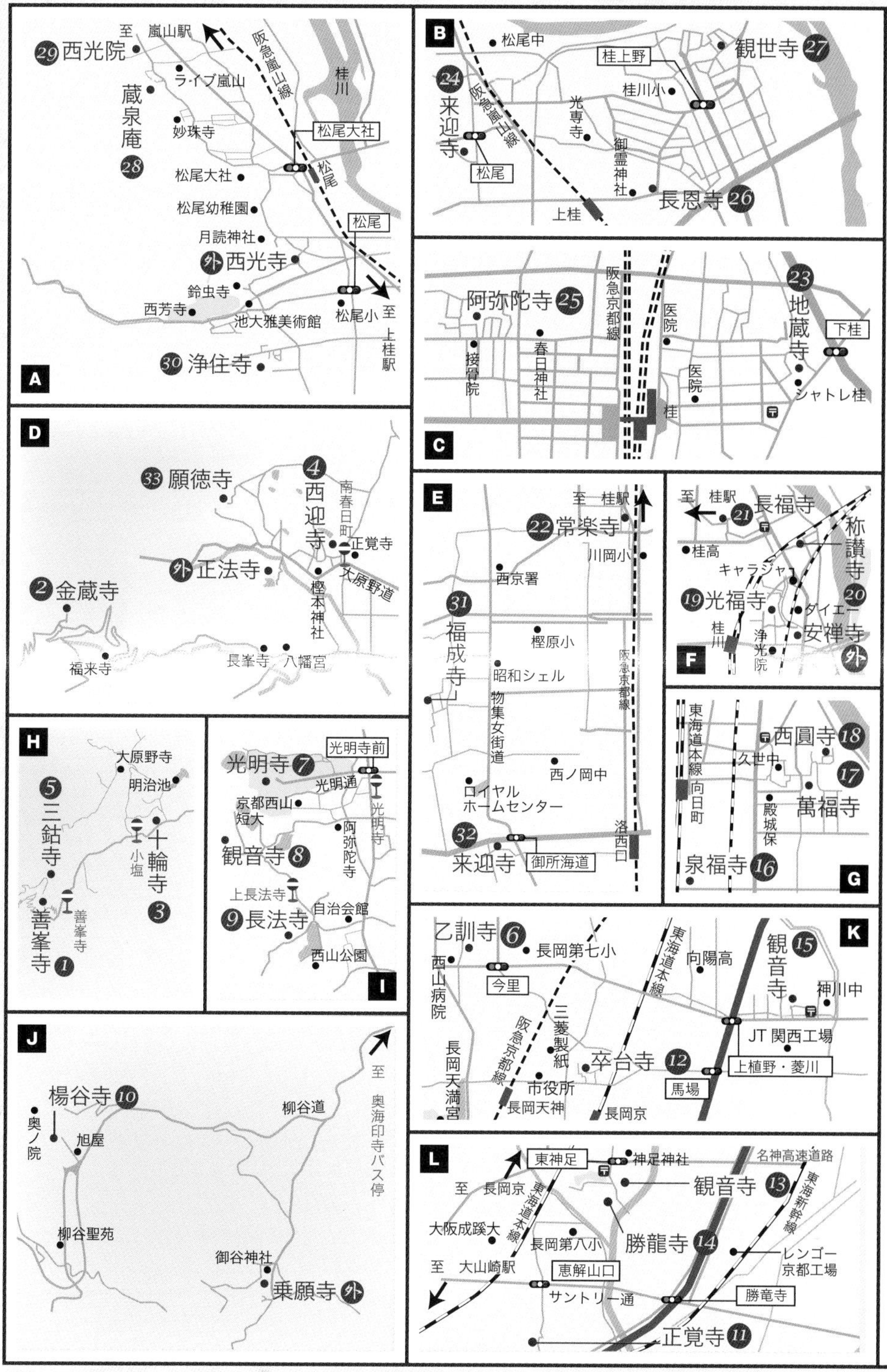
A
至 嵐山駅
29 西光院
ライブ嵐山
阪急嵐山線
桂川
蔵泉庵 28
妙珠寺
松尾大社
松尾大社
松尾
松尾幼稚園
松尾
月読神社
外 西光寺
鈴虫寺
西芳寺
池大雅美術館
松尾小
至 上桂駅
30 浄住寺
B
松尾中
桂上野
観世寺 27
24 来迎寺
阪急嵐山線
桂川小
光専寺
御霊神社
松尾
長恩寺 26
上桂
C
阪急京都線
23 地蔵寺
阿弥陀寺 25
医院
下桂
接骨院
春日神社
医院
シャトレ桂
桂
D
33 願徳寺
4 西迎寺
南春日町
正覚寺
外 正法寺
大原野道
2 金蔵寺
樫本神社
福来寺
長峯寺
八幡宮
E
至 桂駅
22 常楽寺
川岡小
西京署
31 福成寺
樫原小
昭和シェル
阪急京都線
物集女街道
西ノ岡中
ロイヤルホームセンター
32 来迎寺
御所海道
洛西口
F
至 桂駅
21 長福寺
称讃寺
桂高
キャラジャ
19 光福寺
20
ダイエー
桂川
浄光院
安禅寺 外
G
東海道本線
西圓寺 18
久世中
17
向日町
殿城保
萬福寺
泉福寺 16
H
大原野寺
明治池
5 三鈷寺
十輪寺 3
小塩
善峯寺
善峯寺 1
I
光明寺前
光明寺 7
光明通
京都西山短大
光明寺
阿弥陀寺
観音寺 8
上長法寺
自治会館
9 長法寺
西山公園
J
至 奥海印寺バス停
楊谷寺 10
柳谷道
奥ノ院
旭屋
柳谷聖苑
御谷神社
乗願寺 外
K
乙訓寺 6
長岡第七小
東海道本線
向陽高
観音寺 15
西山病院
今里
神川中
三菱製紙
阪急京都線
JT 関西工場
長岡天満宮
卒台寺 12
上植野・菱川
市役所
馬場
長岡天神
長岡京
L
東神足
神足神社
名神高速道路
至 長岡京
観音寺 13
東海道本線
東海新幹線
大阪成蹊大
長岡第八小
勝龍寺 14
レンゴー京都工場
至 大山崎駅
恵解山口
サントリー通
勝竜寺
正覚寺 11

堂々とした山門を潜り善峯寺の境内へ入る。

MAP
P47-H①

洛西三十三所観音霊場

第一番札所

西山 善峯寺

（にしやま よしみねでら）

源算上人が山深い西山の地に開山 皇室ゆかりの寺院として隆盛を極めた

京都洛西観音霊場の一番札所である善峰観音宗（天台宗系単立）の寺院。西方浄土の思想から、比叡山の西の連山である西山に長元2年（1029）、恵心僧都の高弟である源算上人が開山、十一面千手観音像を刻み本尊とした。寺伝によると、山深いこの地での伽藍建立は困難を極めたが、ある夜、源算上人の夢枕に老翁が立ち、刀を貸すとのお告げがあった。すると翌日に猪の大群が現れ、一夜にして地ならしをしてくれたという。

長元7年（1034）には、後一条天皇より鎮護国家の勅願所に定められ、良峯寺の寺号を賜った。その後も歴代天皇からの崇敬を集め、中世には西山宮道覚法親王をはじめ、青蓮院の法親王が住される皇室ゆかりの寺院となった。

後花園天皇が伽藍の改修を行った頃が最盛期で、僧坊52を数えるほどの大寺院となったが、応仁の乱の

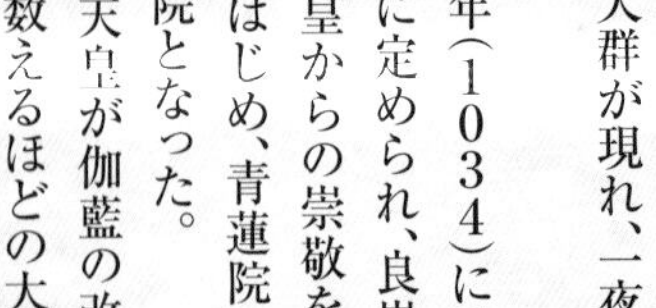

▲開山の源算上人作の十一面観音を祀る観音堂。

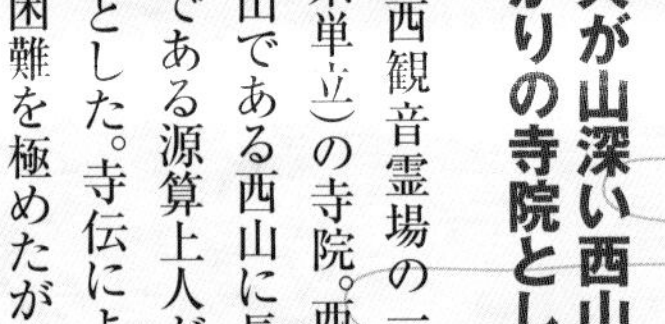

▲境内は京都市街を一望できる絶景ポイント。

兵火により、ほとんどの伽藍を失ってしまった。

徳川綱吉の母桂昌院が再興 本堂に千手観音を祀る

江戸時代の元禄年間(1688~1703)になり、徳川5代将軍綱吉の母・桂昌院が帰依し、本尊千手観音を祀る本堂をはじめ、多宝塔、経堂などの諸堂が再建された。当寺の本格的な復興はこの桂昌院の寄進に支えられた。

高低差がある境内は約3000坪という広さで、諸堂の他に回遊式庭園がある。また、京都市街を一望できるビューポイントとして名高い。

天然記念物に指定されている「遊竜松」は、樹齢推定600年以上。一本の松が地を這う龍のように左右に長く枝を広げている。この松にちなんで「松の寺」とも呼ばれる。

<DATA>

◉住所／京都市西京区大原野小塩町1372◉電話／075-331-0020◉拝観料／500円◉拝観時間／8:30～17:00（土日祝は8:00～17:00）◉定休日／無休◉交通／阪急バス「善峯寺」から徒歩約8分

▲国指定重要文化財の多宝塔。

▶樹齢600年以上という天然記念物の遊竜松。

▲桂昌院ゆかりの枝垂桜が春爛漫を告げる。

▲桂昌院が再興した建築物のひとつ護摩堂。

仁王門を潜ると山上に堂宇が望める。

洛西三十三所観音霊場

第二番札所

MAP
P47-D②

西岩倉山 金蔵寺

(にしいわくらさん こんぞうじ)

行善と日向明神が霊樹から彫った十一面千手千眼観音像

奈良時代の養老2年(718)に元正天皇の勅願により行善(隆豊禅師)が開創した。行善は奈良の元興寺で仏法を収めた後、高麗に渡り、豊前国の求菩提山に護国寺を開創したことで知られる名僧。

金蔵寺のはじまりを記す『金蔵寺略縁起』によると、行善の夢枕に聖観世音が立ち「都の西方にあたる小塩山山腹に寺院を建立せよ」と告げた。お告げに従い乙訓の地を訪ねた行善はそこで弓矢を手にした老翁と出会った。この老翁が実は向日明神で、谷川を渡ろうとしていた金色の鹿に矢を放ったところ、矢は外れて側にあった楠の大樹に当たった。楠から矢を抜き取ると、その矢傷から光明がほとばしった。二人はこの霊樹から十一面千手千眼観音像を彫り、金蔵寺の本尊としたという。

この観音像は本堂に祀られ、洛西観音霊場の札所本尊とされる。奈良時代、聖武天皇は、華厳・普門品

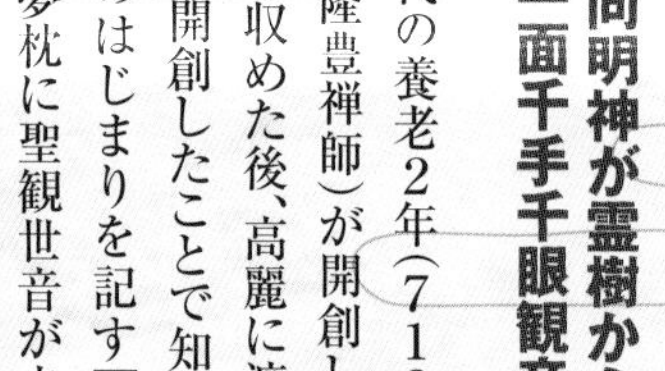

▲本堂の裏手に鎮座する愛宕大権現。

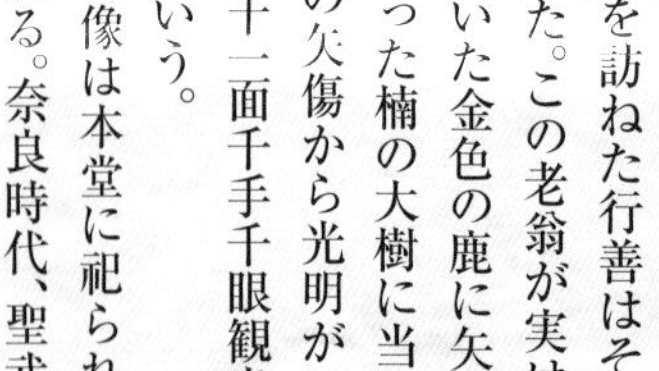

▲境内から遥かな京都市内を遠望する。

などの教典を書写して、名山霊地に埋葬したが、その内のひとつが金蔵寺の寺領といわれている。桓武天皇も王城鎮護のために都の四方に教典を埋めたが、その際にも金蔵寺が選ばれた。それ以降、西岩倉山と号するようになった。

石垣と石垣の間に堂宇が建ち並ぶ 境内には深山の濃密な空気が漂う

平安時代に入ると西山の名刹として、堂塔・伽藍など49院が立ち並ぶ大寺として栄えた。しかし、応仁の乱など相次ぐ兵火で衰退。江戸時代前期になり、第5代将軍徳川綱吉の母・桂昌院の寄進を受け再建された。

古色を帯びた開山堂の下の見晴らし台からは眼下に京都の街並みを見渡せる。急坂を息を切らして登り詰めた深山の寺院ならではの眺望が楽しめる。

<DATA>

◉住所／京都市西京区大原野石作町1639◉電話／075-331-0023◉拝観料／200円◉拝観時間／8:00～17:00◉定休日／無休◉交通／阪急バス「南春日町」から徒歩約40分

◀本尊の十一面千手千眼観音像を祀る本堂。

▲高低差を利用して堂宇が配置される山岳寺院。

▲山深い寺域を美しい紅葉が包み込む。

▲護摩堂には不動明王・四大尊を安置する。

秘仏の延命地蔵菩薩を本尊とする寺院。

洛西三十三所観音霊場

第三番札所

小塩山 十輪寺（おしおざん じゅうりんじ）

MAP P47-H③

平安時代のプレイボーイ 在原業平ゆかりの古刹

平安時代初期の歌人で『伊勢物語』の主人公ともいわれる在原業平ゆかりの寺院として知られ、通称「なりひら寺」とも称される。この地は、在原業平が晩年を過ごした住居跡といわれ、本堂の裏山に業平の墓所と業平が設けた塩竈跡がある。

寺のはじまりは嘉祥3年（850）、文徳天皇の后・染殿皇后（藤原明子）の世継ぎ誕生を祈願して、伝教大師が刻んだ延命地蔵菩薩を安置したことによる。めでたく皇子が誕生したことから文徳天皇の勅願所となった。この皇子が後の清和天皇である。その後、江戸時代に入り藤原北家の一統・花山院家の帰依を受け、その菩提寺となった。

本尊の延命地蔵菩薩は秘仏で、年に1回8月23日に開帳される。等身大の木像坐像で、お腹に巻かれた腹帯で染殿皇后が安産されたことから「腹帯地蔵尊」とも呼ばれ、子授けや安産の信仰を集めている。本堂

▲十輪寺に晩年を過ごしたという業平の墓所。

▲花山法皇の手形が浮き彫りになっている「花山法皇御手判」。

の屋根は珍しい鳳輦型。本堂裏手の塩竈跡へ通じる高台の道から眺めると神輿のような屋根の美しい曲線を見おろすことができる。

花山法皇が自ら彫り、背負い歩いた十一面観世音菩薩

平安時代中期に花山法皇が荒廃していた西国観音霊場を嘆いて、その再興を発願。自ら彫った十一面観世音菩薩の尊像を背負って巡礼を行い、その目的を達成された。この巡礼の最後に十輪寺に参詣され、背中に背負った観音像を奉納した。このため十一面観世音菩薩は「おいずる観音」「草分観音」とも呼ばれている。

本堂の隣には高廊下・業平御殿・茶室に囲まれた庭が続く。立・座・寝と3通りの見方で趣の違いを楽しめることから、「三方普感の庭」と称される。

<DATA>

◉住所／京都市西京区大原野小塩町481◉電話／075-331-0154◉拝観料／ 400円◉拝観時間／9:00～17:00◉定休日／無休◉交通／阪急バス「小塩」から徒歩約2分

◀本堂の屋根は神輿のような珍しい鳳輦形。

▲在原業平が設けたという塩竈を復元。

▲境内を雅に彩る、なりひら桜。

▲春になると山間の寺院を艶やかな桜が彩る。

MAP P47-D④

洛西三十三所観音霊場

第四番札所

安岡山 西迎寺

（あんこうざん さいこうじ）

▲本堂には本尊・春日観音が祀られている。

▲楓に覆われる参道は秋には紅一色に染まる。

▲門を潜ると本堂と見事な枝垂れ桜が現れる。

春日観音と呼ばれる聖観音像が札所の本尊

天正4年（1576）、波多野氏の武将、長澤市政の菩提を弔うために、その城館跡に建立された。開山に嵯峨野の名刹二尊院の明阿上人を迎えたために、二尊院同様に釈迦如来と阿弥陀如来の二尊を本尊とする。

白壁と石垣に囲まれた坂道の参道を登り詰めた場所にある山門をくぐると正面に本堂が建つ。その本堂内の脇壇に札所本尊の聖観音立像が祀られている。一般に「春日観音」と呼ばれる像高約60㎝の観音像で、その名前の由来は神仏分離の際に近くの大原野神社（藤原氏の氏神）から移されたからとの説が有力。

寺の入口右手に沿った坂は、少納言坂という雅な名前。春には本堂前に枝を広げる枝垂れ桜が見事な花を付け、秋には紅葉が境内を覆いつくす。

<DATA>

◉住所／京都市西京区大原野南春日町651◉電話／075-331-0124◉拝観料／無料◉拝観時間／日中随時◉定休日／無休◉交通／阪急バス「南春日町」から徒歩約5分

洛西三十三所観音霊場

第五番札所

西山 三鈷寺

（にしやま さんこじ）

MAP P47-H⑤

札所本尊として西山上人作の十一面観音像を祀る

平安時代の承保元年（１０７４）、比叡山の天台僧・源算が草庵を建て、往生院としたことにはじまる。源算は自ら阿弥陀如来像を刻み、本尊とした。

応保元年（１１６２）になり二祖・観性法橋は、仏眼曼荼羅・釈迦・阿弥陀像を安置し、この地に隠棲した。さらに、鎌倉時代になると法然の門弟・西山上人証空が京都で起きた浄土宗への弾圧事件「承元の法難」のために、善峯寺に移り浄土宗西山派を創始。証空は亡くなった後に三鈷寺に葬られた。

応仁の乱で堂宇のほとんどを焼失したが、近代に入り五十二祖・台龍により復興され、西山宗として独立した。札所本尊は、不動明王の向かって右に祀られている十一面観音で西山上人作と伝えられている。境内からは京都市街を一望できる。

<DATA>

◉住所／京都市西京区大原野石作町1323◉電話／075-331-0122◉拝観料／一般300円◉拝観時間／9:00～17:00◉定休日／無休◉交通／阪急バス「善峯寺」から徒歩約8分

▲西山上人作と伝わる十一面観音を安置する本堂。

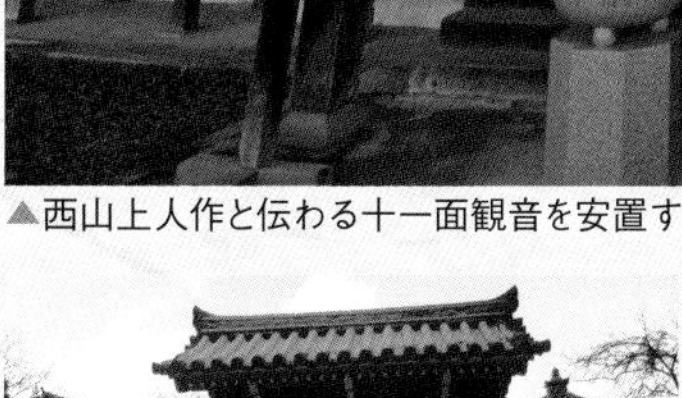

▲高台にある善峯寺のさらに奥に寺域を構える。

▲京都市内を一望できる境内からの眺望は絶景のひとこと。

本堂には合体大師と十一面観音が安置される。

MAP P47-K⑥

洛西三十三観音霊場 第六番札所

大慈山 乙訓寺 (だいじざん おとくにでら)

推古天皇の勅願により建立 聖徳太子創建の我が国有数の古刹

日本に朝鮮半島の百済から仏教が伝来したのは500年代の半ばといわれる。寺伝によると乙国寺はそれから遅れること約半世紀、620年頃に推古天皇の勅願を受け、聖徳太子により創建されたとされる。まさに、日本仏教の創世記に創建された有数の古刹ということができる。

そして、延暦3年(784)に、桓武天皇により長岡京に都が移されると、乙訓寺は京内七大寺の筆頭として重要な位置を占めることとなった。

しかし、長岡京遷都の直後は、建都の長官で桓武天皇の信任が厚かった藤原種継が暗殺されるなど政情が安定しなかった。この事件で種継暗殺の首謀者と交流のあった桓武天皇の弟・早良親王が逮捕され当寺に監禁された。親王は無実を訴え断食し、淡路島への配流の途中で憤死した。この後、都は平安京(京都)に遷都されることとなる。

▲当寺に幽閉された早良親王の供養塔。

▲日を限って祈願すると願いが叶う日限地蔵。

札所本尊は長谷型観音と呼ばれる右手に錫杖を持つ十一面観音像

乙訓寺は空海（弘法大師）と関わりが深い寺である。弘仁2年（811）、空海が嵯峨天皇より、乙国寺別当に任命され在住し、鎮護国家の道場として整備された。また、最澄が空海を訪問し、密教について法論を交わしたのもこの寺である。

中世に入ると内乱や兵火で衰えたが、江戸時代になり徳川綱吉の信任の厚い僧・隆光が住職となり、綱吉とその母・桂昌院の援助を受け復興を果たした。

寺院本尊は合体大師像で、八幡大菩薩の合作と伝わる空海像。札所本尊は、本堂内で本尊の右側に祀られている十一面観音。長谷型観音と呼ばれる右手に錫杖を持つ十一面観音で、真言宗豊山派特有の像容とされる。

<DATA>

◉住所／京都府長岡京市今里3-14-7◉電話／075-951-5759◉拝観料／500円◉拝観時間／8:00～17:00◉定休日／無休◉交通／阪急京都本線「長岡天神駅」から徒歩約20分

◀長岡京内七大寺のひとつとして君臨した。

▲長い歴史を見つめてきたモチノキ。

▲日本有数の古い歴史をもつ古刹。

▲弘法大師が実を嵯峨天皇に献上した柑橘樹。

光明寺の中心的なお堂である御影堂。

洛西三十三観音霊場

第七番札所

MAP P47-I⑦

報国山《ほうこくさん》 光明寺《こうみょうじ》

源氏の猛将として名を馳せた 法力房蓮生こと熊谷直実の創建

西山浄土宗の総本山で、2万坪もの寺域を有する大寺。この地は、浄土宗の開祖法然上人が42歳の時、日本で最初に念仏を説いた浄土宗発祥の地といわれ、建久9年(1198)に法力房蓮生(熊谷直実)により創建された。

文治元年(1185)、『平家物語』や能の『敦盛』で知られる源氏方の武将・熊谷次郎直実は、戦いの明け暮れから積もる罪業を償い、極楽往生の道を求め、法然上人の弟子となり剃髪した。僧籍に入り、法力房蓮生と名乗った直実は、数年の修行の後に静かに念仏を称えられる地を求めて、法然上人ゆかりのこの地に寺を建てた。

この時、法然上人を勧請して開山第一世として仰ぎ、自らは二世となって、上人から「念仏三昧院」の寺号をいただいた。蓮生は後に法然の誕生地である岡山県久米南町に誕生寺を建立するなどの活動を行い、

▲境内の一画には圓光大師火葬跡の石碑が立つ。

▲江戸末期に建てられた学問所の講堂。

建永2年（1207）にその生涯を閉じ、遺言により、その遺骨は光明寺に安置されている。

札所本尊は観音堂に祀られていた重要文化財の千手観音立像

建暦2年（1212）に没した法然上人の遺骸は太秦の西光寺に安置されていた。その後、上人の棺から幾条の光明が放たれ、南西の粟生野を照らすという奇瑞が現れたため、粟生野の地で荼毘に付し、遺骨を納める御廟堂が建てられた。この時に、念仏三昧院から光明寺と寺名が変更されたという。

札所本尊は、重要文化財に指定されている千手観音立像で御影堂右手前の観音堂に祀られていたが、現在は京都国立博物館に預託されている。観音堂には、8番観音寺の本尊が移されて代わりに祀られている。

<DATA>

◉住所／京都府長岡京市粟生西条ノ内26-1◉電話／075-955-0002◉拝観料／500円◉拝観時間／9:00～16:30◉定休日／無休◉交通／阪急バス「光明寺」から徒歩約3分

◀幕末に建てられた高麗門型の総門。

▲熊谷直実が師と仰いだ、法然上人の像。

▲法然上人を開山とし念仏三昧院と称した。

▲秋の紅葉時を除き普段は静かな佇まいの参道。

MAP
P47-I⑧

洛西三十三所観音霊場

第八番札所

粟生山 観音寺
（あおさん かんのんじ）

▲無住のため本尊は光明寺に預けられている。

本尊の千手観音は、無住のため普段は七番札所の光明寺観音堂に預けられていて、納経の受付も光明寺で行われている。「十人衆」と呼ばれる粟生の長老達により管理され、正月など行事の際には観音寺に戻される。

同じ境内にある子守勝手神社の石の鳥居をくぐって石段を登ったところに、江戸前期に信者達300人によって整備された「お不動さんの水」があり、当寺の江戸時代の繁栄が偲ばれる。

<DATA>

◉住所／京都府長岡京市清水谷◉電話／無し◉拝観料／無料◉拝観時間／境内自由◉定休日／無休◉交通／阪急バス「光明寺」から徒歩約10分

MAP
P47-I⑨

洛西三十三所観音霊場

第九番札所

清巌山 長法寺
（せいがんざん ちょうほうじ）

▲石仏達がもの静かに寺の歴史を語りかける。

寺伝によると三井寺に学んだ千観上人により延喜年間（901〜23）に開かれたという。かつては12坊を有する大寺であったというが、応仁の乱で荒廃、今は本堂と庫裏が建つのみ。

現在、京都国立博物館に所蔵されている国宝『釈迦金棺出現図』は、昭和31年（1956）まで、当寺に伝来していたもので、寺格の高さがうかがえる。札所の本尊は十一面観音坐像で室町時代後期の作とされる。

<DATA>

◉住所／京都府長岡京市長法寺谷田16◉電話／075-951-9075◉拝観料／無料◉拝観時間／9:00〜16:00◉定休日／無休◉交通／阪急バス「上長法寺」から徒歩約10分

MAP P47-J⑩

洛西三十三所観音霊場

第十番札所

立願山 楊谷寺 ［柳谷奥ノ院］

（りゅうがんざん ちょうこくじ）［やなぎだにおくのいん］

札所本尊は奥ノ院に祀られる 中御門天皇ゆかりの千手観音

大同元年（806）に清水寺を開創した延鎮上人によって開かれた。寺伝によると、上人の夢の中に観音菩薩が現れ、「京都西山に行けば生身の観音菩薩を仰ぐことができる」と告げた。上人が直ちに西山に行くと、柳の生い茂る渓谷の巌上に十一面千手千眼観世音菩薩が顕現されていた。上人はそのお姿を刻まれ、その場所に堂宇を建て本尊とした。

札所本尊は奥ノ院に祀られている千手観音で中御門天皇施入のもの。天皇の母である新崇賢門院は楊谷寺に皇子の誕生を祈り、それが叶って中御門天皇が誕生した。しかし、願いがかなえば観音像を奉るという誓いは果たさずに没した。その事を知った中御門天皇が亡き母に代わってこの千手観音を施入したという伝説をもつ。

<DATA>

◉住所／京都府長岡京市浄土谷堂ノ谷2 ◉電話／075-956-0017 ◉拝観料／無料 ◉拝観時間／9:00～17:00 ◉定休日／無休 ◉交通／阪急バス「奥海印寺」から徒歩約45分

▲千手観音が祀られる奥之院。

▲アジサイで埋め尽くされる花手水。

▲もみじが美しい秋、上書院は毎日特別公開される。

MAP
P47-J外

洛西三十三観音霊場　番外札所

浄土山　乗願寺
（じょうどさん　じょうがんじ）

▲本堂には西山の大仏が安置される。

『往生要集』を著した恵心僧都が浄土谷に滞在していたおり、この地に草庵を結び本尊に阿弥陀如来を安置したのがはじまり。この本尊は丈六（座高約2・8m）の平朝様式の像で平安後期作。「西山の大仏」と呼ばれ、圧倒的な存在感を感じさせる。

本尊礼拝の仕方は、今まで通りに幸福にという人は右回り、運勢を好転させたい人は左回りに回る。札所本尊はその右に祀られる十一面観音立像である。

<DATA>

◉住所／京都府長岡京市浄土谷堂ノ谷4◉電話／075-957-4148◉拝観料／無料◉拝観時間／9:00～16:00◉定休日／無休◉交通／阪急バス「奥海印寺」から徒歩約45分

MAP
P47-L⑪

洛西三十三観音霊場　第十一番札所

摂取山　正覚寺
（せっしゅざん　しょうがくじ）

▲平康頼ゆかりの本堂には千手観音が安置される。

寛永年間（1624～44）に鏡空開導上人により創建されたと伝わる。本堂の正面には本尊の阿弥陀如来、その右側の厨子の中に座高約50㎝の札所本尊の千手観音像が安置されている。

千手観音は、鹿ヶ谷の陰謀で流罪になった平康頼が赦免された後、同志の菩提を弔うために建立した千手院の宝物であったという。厨子は、天明の大火の犠牲者を弔うために女性が寄進したものと伝えられる。

<DATA>

◉住所／京都府乙訓郡大山崎町下植野宮脇99◉電話／075-956-0322◉拝観料／無料◉拝観時間／9:00～16:00◉定休日／不定休◉交通／阪急京都本線「西山天王山駅」から徒歩約20分

MAP P47-K⑫

洛西三十三観音霊場 第十二番札所

延命山 卒台寺

（えんめいざん そつだいじ）

▲静かな住宅地の中に建つ寺院。

空海（弘法大師）により弘仁年間（810〜24）に開創されたと伝わり、古くは兜卒台寺《とそつだいじ》と号したという。江戸時代になり、徳川家康の従兄である典空上人により再興され、浄土宗の寺院に改められた。

本尊は、延命地蔵菩薩半跏像で平安末期の作とされる。札所本尊は、脇壇に安置されている十一面千手千眼観音菩薩。厳封じ施薬観音として広く信仰されている。

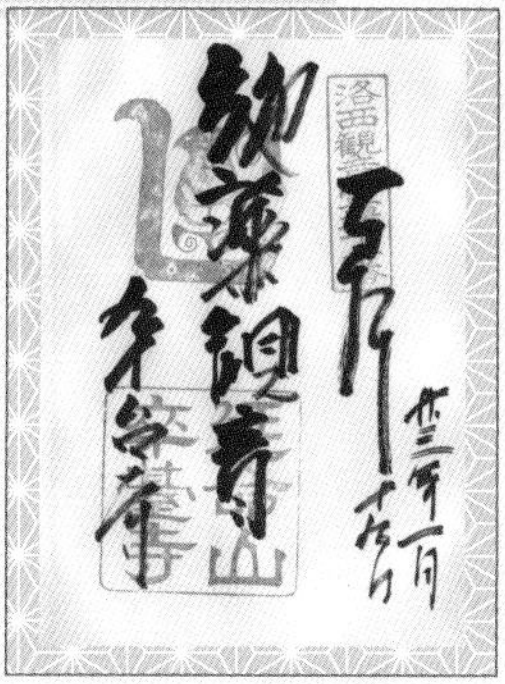

<DATA>

◉住所／京都府長岡京市馬場1-2-14◉電話／075-951-0642◉拝観料／無料◉拝観時間／日中随時◉定休日／無休◉交通／JR東海道本線「長岡京駅」から徒歩約5分

MAP P47-L⑬

洛西三十三観音霊場 第十三番札所

大悲山 観音寺

（だいひざん かんのんじ）

▲南北朝時代の十一面観音坐像を祀る。

明智光秀や細川幽斎の居城として知られる勝竜寺城公園の近くに建ち、文亀元年（1501）に開創されたという。札所本尊は、十一面観音坐像で、南北朝時代の作とされる。

本尊は像内胸部に納められている墨書からその経歴が明らか。後村上天皇が父・後醍醐天皇の菩提を弔うために、僧瞬悟に命じ作らせたもの。文和4年（1355）に滋賀県甲賀郡の常光寺に奉安されたという。

<DATA>

◉住所／京都府長岡京市東神足2-12-4◉電話／075-956-4780◉拝観料／無料◉拝観時間／日中随時◉定休日／無休◉交通／JR東海道線「長岡京駅」から徒歩約7分

MAP
P47-L⑭

洛西三十三観音霊場

恵解山 勝龍寺

（えげさん しょうりゅうじ）

第十四番札所

▲重要文化財の観音立像を本尊とする。

▲ぼけ封じ観音・布袋尊を祀る。

▲なでると病が癒えるという「なで仏様」も信仰を集める。

本尊の十一面観音立像（重文）は毎年2日間のみ一般公開される

平安初期に空海（弘法大師）により開創されたと伝わる。当初は、空海が唐の長安で学んだ青龍寺と同じ寺名であったが、応和2年（962）に村上天皇の命により千観上人が雨乞いの祈祷を行い、その効験により龍神に勝ち、雨が降ったことから勝龍寺と改められた。

最盛期は九十九坊が建ち並ぶ大寺であったが、足利尊氏の兵乱や山崎の合戦に巻き込まれ焼失、残った観音堂が僅かに当時を偲ばせる。

本尊は鎌倉時代の十一面観音立像で重要文化財に指定され、京都国立博物館に寄託されている。8月18日の観音大祭と11月第2日曜日のガラシャ祭の2日間のみ一般公開される。境内には、ぼけ封じの観音像や布袋尊も祀られる。

<DATA>

◉住所／京都府長岡京市勝龍寺19-25◉電話／075-951-6909◉朱印受付時間／9:00～16:00◉交通／JR東海道線「長岡京駅」から徒歩約10分

MAP
P47-K⑮

洛西三十三観音霊場
第十五番札所

普陀落山 観音寺
（ふだらくざん かんのんじ）

▲昔の風情が残る旧道沿いに建つ寺院。

大和長谷寺の創建に関わりが深く、西国巡礼の開祖といわれる徳道上人が養老6年(722)に開創したという。

本尊は長谷型観音(長谷寺式十一面観音)2体で、長谷寺の本尊と同じ材木で作られているとされ、毎年1月8日から14日にのみ開帳される。

長谷型観音は通常の十一面観音と異なり、右手に地蔵菩薩のような錫杖をもっているのが特徴とされる。

<DATA>

◉住所／京都市伏見区羽束師菱川町23◉電話／075-931-2907◉拝観料／無料◉拝観時間／日中随時◉定休日／無休◉交通／JR東海道線「長岡京駅」から徒歩約20分

MAP
P47-G⑯

洛西三十三観音霊場
第十六番札所

星水山 泉福寺
（せいすいざん せんぷくじ）

▲眼病に霊験あらたかな三つ目観音を祀る。

はじまりは、延暦13年(794)と伝わる古刹。桓武天皇が長岡京から平安京に向かう途中に激しい雷雨に襲われた。松の木に隠れ、観音経を唱えたところ雨が止んだ。そこでその松の木で観音像を刻み、お堂を建て、安置したという。

本尊は像高60㎝余りの不空羂《ふくうけん》索《さく》観音坐像で、額に目があるのが特徴。「三つ目観音」と呼ばれ、眼病に霊験あらたかな観音様とされ、広く信仰を集めている。

<DATA>

◉住所／京都府日向市森本町四ノ坪30-2◉電話／075-921-3888◉拝観料／無料◉拝観時間／日中随時◉定休日／無休◉交通／JR東海道本線「向日町駅」から徒歩約15分

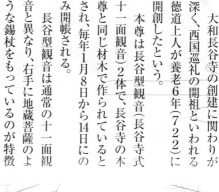

MAP
P47-G⑰

洛西三十三観音霊場
第十七番札所

慈眼山 萬福寺
（じげんざん まんぷくじ）

▲本尊は火除けの観音として崇敬を集める。

比叡山延暦寺の高僧、円仁（慈覚大師）ゆかりの寺院といわれる。円仁がこの地を訪れた折に、親切に接してくれた村人のために観音像を刻み、一堂を建てて本尊としたのがはじまりという。

本尊の聖観世音は、過去にこの寺が幾度も火災にあったにも関わらず、その度に難を逃れたことから「火除けの観音様」として、古くから信仰を集めている。

<DATA>
◉住所／京都市南区久世大藪町319◉電話／075-921-5269◉拝観料／無料◉拝観時間／日中随時◉定休日／無休◉交通／JR東海道線「向日町駅」から徒歩約20分

MAP
P47-G⑱

洛西三十三観音霊場
第十八番札所

朝日山 西圓寺
（あさひざん さいえんじ）

▲札所本尊は本堂に安置される十一面観音。

寺院本尊は阿弥陀如来。文化5年（1808）の火災で古い記録は失われてしまったが、札所本尊・十一面観音とともに、火災を逃れて今に伝わっている。

十一面観音は本尊の阿弥陀如来に向かって左側にお祀りされ、毎月18日には観音講が開かれ、御詠歌が捧げられる。

西圓寺は江戸時代から寺子屋が開かれ地元の中心となっていた寺院。現在も人と人との触れ合う優しさを感じさせる。

<DATA>
◉住所／京都市南区久世築山町42◉電話／075-921-3831◉拝観料／無料◉拝観時間／日中随時◉定休日／無休◉交通／JR東海道線「向日町駅」から徒歩約20分

MAP
P47-F外

洛西三十三観音霊場
番外札所

栖雲山 安禅寺
（せいうんざん　あんぜんじ）

▲観音堂には33体の観音菩薩が祀られる。

後花園天皇の第一皇女である観心女王（安禅寺の宮）を開基とし、元禄2年（1689）に義空和尚により、現在地に再興されたといい伝えられている。

観音堂には西国三十三所の33体の観音菩薩の写しが祀られている。かつてこの地域の観音信仰者達は西国三十三所巡礼に出発する際、当寺に参詣、道中の無事を祈願した。その巡礼仲間は、「西国連中」と呼ばれ、生涯固い絆で結ばれたという。

<DATA>

◉住所／京都市南区久世上久世町629◉電話／075-921-7051◉拝観料／無料◉拝観時間／日中随時◉定休日／不定休◉交通／JR東海道本線「桂川駅」から徒歩約8分

MAP
P47-F⑲

洛西三十三観音霊場
第十九番札所

醫王山 蔵王堂 光福寺
（いおうざん　ざおうどう　こうふくじ）

▲陰陽師・浄蔵貴所創建の寺という。

天暦9年（955）、三善清行《きよつら》の子で優れた呪術者として有名な浄蔵貴所《じょうぞうきしょ》により、平安京の裏鬼門封じとして創建された。境内には弁天堂・薬師堂・子守勝手神社・蔵王堂などのお堂が建ち、順番に拝することが浄蔵の教えとされ、今でも受け継がれている。

札所本尊は、蔵王権現の向かって左に祀られる聖観音。緑深い境内は、かつて京の七森のひとつに数えられていた。

<DATA>

◉住所／京都市南区久世上久世町826◉電話／075-921-3625◉拝観料／無料◉拝観時間／日中随時◉定休日／無休◉交通／JR東海道本線「桂川駅」から徒歩約10分

MAP
P47-F⑳

洛西三十三観音霊場

第二十番札所

青柳山 称讃寺

（せいりゅうざん しょうさんじ）

▲本堂には阿弥陀如来と千手観音が祀られる。

▲寺院内に保育園もある地元に密着した寺院。

▲厨子の中に札所本尊が安置されている。

明治になり観音寺を合併吸収 延鎮作の十一面千手観音像を祀る

天長6年（829）、忍戒僧都により創建。浄土宗西山禅林寺派の寺院であったが、明治12年（1879）に真言宗の観音寺を吸収合併した。札所本尊はその観音寺に祀られていた十一面千手観音像。

観音寺は清水寺を開創した延鎮による創建で、十一面千手観音像も延鎮の作と伝わる。さらに当寺には、洛西観音霊場の御詠歌を記した文政10年（1827）の奉納額が存在し、洛西観音霊場の歴史を知る上で貴重な資料となっている。

平成13年（2001）に新しい本堂が完成。中央に寺院本尊の阿弥陀如来が祀られ、その向かって右側の厨子の中に札所本尊の十一面千手観音が安置されている。境内には保育園があり、ブランコなども置かれ、地元密着の寺院として親しまれている。

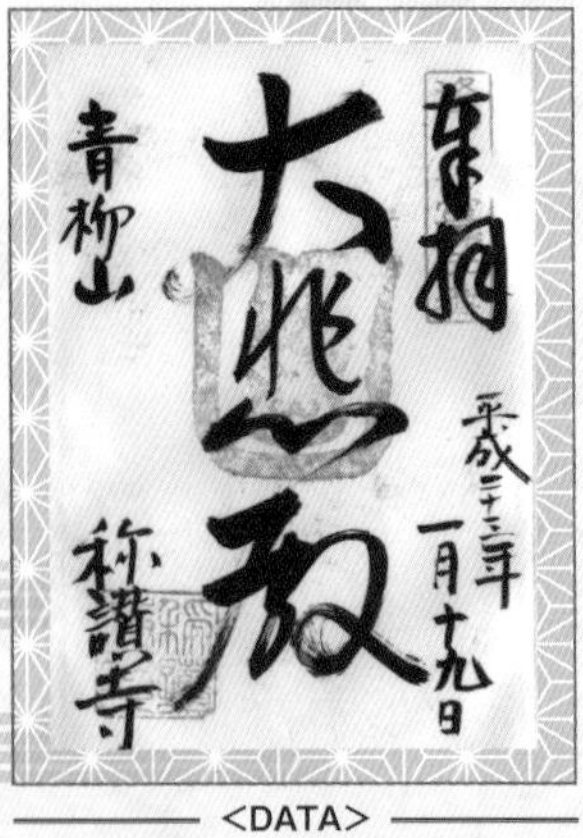

<DATA>

◉住所／京都市西京区牛ヶ瀬青柳町24
◉電話／075-381-8083◉拝観料／無料
◉拝観時間／日中随時◉定休日／無休◉交通／JR東海道本線「桂川駅」から徒歩約15分

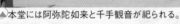

MAP
P47-F㉑

洛西三十三観音霊場

第二十一番札所

念佛山《ねんぶつざん》 長福寺《ちょうふくじ》

もと永福寺の本尊であった 慈覚大師円仁作の観音像を祀る

古くは五社神社境内にあった永福寺が札所であったが、廃寺となったために明治12年（1879）に長福寺に合併され、長福寺観音堂となった。

札所本尊は、円仁（慈覚大師）作とされる8尺余りの十一面観音立像。伝説によると、円仁が唐からの帰国途中、海上で暴風雨に遭い「無事に帰国できれば3体の観音像を作る」と祈り、その願いが叶って制作したうちの一体という。

当初は比叡山に安置されていたが、文明10年（1478）に下津林村の五社神社に観音堂を建立し、神仏ともに祀られた。この観音様は、「結びの観音」とも呼ばれ、縁結び・子授けの御利益で知られる。その観音堂が阪神淡路大震災で損傷を受けたため、今は長福寺本堂に祀られている。

<DATA>

◉住所／京都市西京区下津林楠町105◉電話／075-381-2966◉拝観料／無料◉拝観時間／日中随時◉定休日／無休◉交通／阪急京都本線「桂駅」から徒歩約15分

▲高倉天皇により現在の地に移された。

▲歴代の住持の位牌と像が安置される。

▲慈覚大師円仁作と伝えられる観音様。

MAP
P47-E㉒

洛西三十三観音霊場

第二十二番札所

千手院 常楽寺

（せんじゅいん じょうらくじ）

▲松尾七社のひとつ大宮社の境内の奥に建つ。

▲無住の寺院なのでお参りはお堂の外から。

▲本堂には御詠歌が記された額が掲げられる。

大宮社の奥に祀られる千手観音 厄除け・安産の崇敬を集める

京都で最も古い歴史をもつといわれる松尾大社。その本社と摂社・末社を合わせて松尾七社というが、そのひとつ大宮社の赤い鳥居をくぐり、木々に包まれた境内奥の左側に建つ寺院。

寺の歴史は過去帳などが失われており詳しいことはわからないが、この辺りは古くから観音信仰が盛んな土地で、祀られている本尊の千手観音坐像は、厄除け・安産に御利益があると信仰を集めてきた。本尊の左には地蔵菩薩、右には釈迦如来・薬師如来が安置されている。

一時は講のメンバーが交代で札所に詰めて巡拝者に対応していたが、今は無住の寺院となり、お堂の扉は閉じられているので外から参拝する。御朱印・納経は25番の阿弥陀寺で授与される。

<DATA>

◉住所／京都市西京区川島北裏町125 ◉電話／無し◉拝観料／無料◉拝観時間／境内自由 ◉定休日／無休◉交通／阪急京都本線「桂駅」から徒歩約5分

MAP
P47-C㉓

洛西三十三観音霊場

第二十三番札所

久遠山 地蔵寺

（くおんざん じぞうじ）

▲観音様は本尊・地蔵菩薩とともに本堂に安置される。

本尊は「桂地蔵」と呼ばれ、京都六地蔵の一尊として信仰を集めている。六地蔵の由来は、小野篁が死後の世界で地蔵菩薩に出会い、蘇った後に六体の地蔵尊を刻んで木幡の地に祀ったのがはじまりという。後白河上皇の勅命で都の入口6ヶ所に地蔵尊を分祀、桂地蔵もそのひとつとされた。

札所本尊は十一面観音。もとは歓喜寺の本尊だったが廃寺となり当寺に移された。

<DATA>

◉住所／京都市西京区桂春日町9◉電話／075-381-3538◉拝観料／無料◉拝観時間／日中随時◉定休日／無休◉交通／JR東海道線「桂駅」から徒歩約10分

MAP
P47-B㉔

洛西三十三観音霊場

第二十四番札所

紫雲山 来迎寺

（しうんざん らいごうじ）

▲松尾大社社家の念持仏を本尊とする1699年創建の念仏道場。

松尾大社の神官である社家の念持仏弥陀三尊仏（鎌倉初期）を譲り受け、元禄12年（１６９９）に創建、念仏道場となったという。現本尊は、明治初期の廃仏毀釈で、上ノ山寿光寺から迎えた弥陀三尊仏。西国三十三番観音講が元禄時代より続く。

札所本尊は如意輪観世音菩薩。平成24年（２０１２）に、洛西三十三観音霊場第二十四番札所となった。住民に親しまれる閼伽井もある。

<DATA>

◉住所／京都市西京区松尾井戸町5◉電話／075-381-3973◉拝観料／無料◉拝観時間／日中随時◉定休日／無休◉交通／阪急電鉄「上桂駅」から徒歩約11分

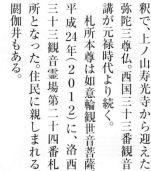

MAP P47-A㊉

洛西三十三観音霊場

番外札所

帰峰山 西光寺

（きほうざん さいこうじ）

［谷ヶ堂最福寺］

［たにがどうさいふくじ］

▲延朗堂に札所本尊の如意輪観音菩薩と延朗上人坐像が安置される。

▲かつては七堂伽藍を整えた壮大な寺院であった。

▲旧最福寺の管理を行う西光寺は、2012年に番外札所となった。

かつて壮大な伽藍を構えた最福寺 その本尊如意輪観音菩薩を祀る

谷ヶ堂最福寺は、源義家の曽孫延朗上人が安元2年（1175）に建立。かつては、七堂伽藍を整えた壮大な寺院であった。

上人は、悪病・難病治療のため、寺内に浴室を造り、自ら病人の身体を洗って病気を癒すなど、多くの民衆の救済にあたった。松尾の上人として人々の尊敬を一身に集めつつ、承元元年（1207）に入寂した。最福寺は、その後の兵火で大伽藍を焼失し、再建されずに今日に至っている。

札所本尊は最福寺にあった如意輪観音菩薩。もと最福寺塔頭の一つで、管理を行う西光寺から少し離れた延朗堂に上人坐像とともに安置される。西光寺は、浄土宗の寺院で、平成24年（2012）に番外札所となった。

<DATA>

◉住所／京都市西京区松室山添町22◉電話／075-381-2937◉拝観料／無料◉拝観時間／日中随時◉定休日／無休◉交通／阪急電鉄「松尾駅」から徒歩約8分

MAP
P47-C㉕

洛西三十三観音霊場

二十五番札所

吉祥山　阿弥陀寺（きっしょうざん　あみだじ）

恵心僧都源信作の千代原観音
雷除け・悪病除けに霊験あらたか

浄土宗西山深草派の総本山誓願寺の管長の隠居寺として建てられたのがはじまりとされる。後に尼寺となり、明治時代になり荒廃したが昭和に入ってから復興された。

寺院本尊は阿弥陀如来。札所本尊は千手観音で俗に「千代原観音」と呼ばれ、古くは法華山寺に祀られていた。その後、観音寺に移されたが、廃寺になったために阿弥陀寺に奉安されることとなった。

「千代原観音」は、平安時代中期の天台宗の名僧源信（恵心僧都）の作と伝えられ、雷除け・悪病除けに霊験あらたかとされている。

本堂内には、向かって右に本尊の阿弥陀如来、左に札所本尊の千手観音が祀られている。千手観音の上には弘化２年（１８４５）の御詠歌奉納額がかかる。

<DATA>

◉住所／京都市西京区桂千代原町22◉電話／075-381-6014◉拝観料／無料◉拝観時間／日中随時◉定休日／無休◉交通／阪急京都本線「桂駅」から徒歩約10分

▲誓願寺の管長の隠居所として創建された寺院。

▲子授けと水子供養の観音様もいらっしゃる。

▲雷除け・悪病除けに霊験あらたかな千代原観音。

MAP P47-B㉖

洛西三十三観音霊場

第二十六番札所

霊鷲山 長恩寺

(れいじゅざん ちょうおんじ)

▲明治に入ってから３つの尼寺が併合した寺院。

▲ 2m 近い長身の千手観音立像を札所本尊とする。

▲門を潜ると観音様が安置されるお堂が現れる。

2m近い長身の千手観音立像は厄除け・雷除けに霊験あらたか

創建は鎌倉時代と伝わる。明治15年(1882)になり近隣の3つの尼寺、千光寺・念仏寺・光照庵を併合した。

札所本尊は、もと千光寺の本尊千手観音立像。2m近い長身の観音像で、厄除け・雷除けに霊験あらたかとして信仰を集めている。

長恩寺の山門の左側に小さな門があり、両脇に「洛西観音霊場第二十六番札所」「光現院千光寺」の石碑が立つ。門の背後の観音堂に札所本尊が祀られている。

また、千光寺には霊元天皇(江戸前期在位)が按察使局という乳母に恋をして、その乳母に宛てた手紙が伝わっている。その縁から、霊元天皇の位牌と按察使局の座像が観音堂内に安置されている。

<DATA>

◉住所／京都市西京区上桂西居町81◉電話／075-381-5417◉拝観料／無料◉拝観時間／要連絡◉定休日／無休◉交通／阪急嵐山線「上桂駅」から徒歩約5分

洛西三十三観音霊場
第二十七番札所

大悲山 観世寺
（だいひざん かんせいじ）

MAP
P47-B㉗

法華山寺ゆかりの聖観音像を札所本尊として祀る寺院

寺伝によると鎌倉時代に勝月上人慶政が、松尾山の南に建立した法華山寺がその前身であるという。上人は、摂政関白を務め京都東福寺を建立した九條道家の兄といわれる。出家して天台宗の僧となり、西山に隠棲した。後に中国（宋）に渡り、帰国後に法華山寺を建立。仏教説話集『閑居友』の筆者としても知られる。

その法華山寺が正慶年間（1332～33）に兵火で焼失した際に、阿弥陀如来像、聖観音像などが観音寺に移されたという。

本堂には、寺院の本尊阿弥陀如来、その向かって右に札所本尊の聖観音が祀られている。また小堂には「北向き地蔵」と呼ばれる地蔵菩薩が祀られており、安産の御利益で親しまれている。

<DATA>

◉住所／京都市西京区桂上野北町139◉電話／075-381-4604◉拝観料／無料◉拝観時間／日中随時◉定休日／無休◉交通／阪急嵐山線「上桂駅」から徒歩約15分

▲勝月上人が建立した法華山寺を前身にする。

▲参道には阿吽の仁王像が向かい合っている。

▲境内の一画に置かれた仏足石も見ておきたい。

MAP
P47-A㉘

洛西三十三観音霊場

第二十八番札所

宝珠山 蔵泉庵

（ほうしゅうざん ぞうせんあん）

▲室町時代に尼五山のひとつとされた名刹。

▲夢窓国師が腰を下ろしたという石が残る。

▲札所の本尊・十一面観音像。

尼五山のひとつに数えられた格式を誇った尼寺の十一面観音

京都最古級の神社、松尾大社の北の山腹に佇む、臨済宗相国寺派の尼寺。室町時代に創建されたが、度々の火災で堂宇を焼失。江戸時代の元禄年間（1688～1704）に公卿の花山院定好の息女により再興された。室町時代には、尼五山のひとつとして、慈愛院尼門跡の末寺でもあった。

蔵泉庵は少し高台の場所にあり、東山の山並みを遠望でき、苔むした小さな庭には四季折々の季節の花が咲く趣に満ちた寺院。

札所本尊の十一面観音像は庵主がいれば、堂内でお参りすることができる。また山門前の参道には、天龍寺を開基した夢窓国師が法話を聞くために、当寺に通っていた際に腰を下ろしたという「腰掛け石」が残されている。

<DATA>

◉住所／京都市西京区嵐山山ノ下町18◉電話／075-871-4939◉拝観料／無料◉拝観時間／日中随時◉定休日／無休◉交通／阪急嵐山線「松尾駅」から徒歩約15分

MAP
P47-A㉙

洛西三十三観音霊場
第二十九番札所

二尊山 西光院

（にそんざん さいこういん）

西行寺・西行庵2つの寺院が合併 札所本尊は子育て観音

明治41年（1908）に西行寺と西行庵という2つの寺院が合併、両寺で祀られていた阿弥陀如来2体が本尊とされ、西光院と名付けられた。

ここは西行法師ゆかりの故地とされ、西行庵の跡地と伝えている。境内には西行桜があり、かつては本堂北西の小さな堂内に西行の木像が安置されていた。西行は若くして公家の徳大寺家に仕えて歌道に親しみ、23歳で出家した。その後は、京都各地に草庵を結んだと伝えられ、この地もその隠遁地ひとつとされる。その後、諸国をめぐり、生涯において桜の歌を残して歌聖と呼ばれた。

札所本尊は左手で子供を抱いた聖観音で「子育て観音」と呼ばれており、本尊向かって右側の厨子に安置されている。

<DATA>

◉住所／京都市西京区嵐山山田町1◉電話／075-871-6128◉拝観料／無料◉拝観時間／9:00～16:30（堂内拝観は事前予約）・24番来迎寺でも御朱印対応可◉定休日／無休◉交通／阪急嵐山線「嵐山駅」から徒歩約8分

▲不在時は本堂正面浄財箱右側に御朱印が用意されている。

▲左手で子供を抱いた「子育て観音」を祀る。

▲歌聖・西行法師隠棲の地に時は静かに流れる。

MAP P47-A㉚

洛西三十三観音霊場 第三十番札所

葉室山　浄住寺

（はむろざん　じょうじゅうじ）

▲鎌倉時代から続く公家の葉室家の菩提寺。

▲札所本尊として聖観音像を祀る。

▲江戸時代になって黄檗宗の寺院に改められた。

江戸時代に鉄牛禅師が再興した聖観音を祀る葉室家の菩提寺

延暦20年（801）に、嵯峨天皇の勅願により円仁（慈覚大師）が開創したという。鎌倉時代の弘長年間（1261～64）になり公家の葉室定嗣が西大寺を復興した興正菩薩叡尊を招いて中興した。

葉室定嗣が浄住寺を中興したのはその晩年のこと。定嗣は承久の乱の首謀者で、処刑された中納言葉室光親の子で、父同様に朝廷の信任が厚く、特に後嵯峨上皇に重任され従三位権中納言に登った。以降、浄住寺は葉室家の菩提寺として栄え、江戸時代の元禄年間（1688～1704）に葉室頼孝が鉄牛道機禅師を迎え黄檗宗の寺院とした。

札所本尊は聖観音像で、本堂左手の古びたお堂に祀られている。堂内には御詠歌を記した奉納額が掲げられている。

<DATA>

◉住所／京都市西京区山田開町9◉電話／075-381-6029◉拝観料／無料◉拝観時間／日中随時◉定休日／無休◉交通／阪急嵐山線「上桂駅」から徒歩約15分

MAP P47-E㉛

洛西三十三観音霊場 第三十一番札所

宝珠山 福成寺
（ほうじゅさん ふくじょうじ）

▲本堂には札所本尊の十一面観音像を祀る。

延暦3年（784）に平城京から遷都された長岡京の鎮護道場として創建されたと伝わる。南北朝時代になり建仁寺26世広済禅師により臨済宗の寺院として復興された。

本尊は札所本尊でもある十一面観音立像で、本堂に藤原中期作の大日如来像、広済禅師坐像とともに祀られている。また、蔵王権現も霊験あらたかなことで知られ、毎年2月にオコナイ講が行われる。

<DATA>

◉住所／京都市西京区樫原内垣外町24◉電話／075-391-0434◉拝観料／無料◉拝観時間／日中随時◉定休日／無休◉交通／阪急京都本線「洛西口駅」から徒歩約20分

MAP P47-E㉜

洛西三十三観音霊場 第三十二番札所

紫雲山 来迎寺
（しうんざん らいこうじ）

▲優美な聖観音像が本堂に安置される。

寛正年間（1460〜66）、錦空上人により浄土宗西山派念仏弘通の道場として開創された。本堂には寺院本尊の阿弥陀如来とともに札所本尊の優美な聖観世音菩薩坐像が祀られている。

本尊の阿弥陀如来像は、片足を半歩踏み出し、両手を胸のところで転法輪印を結ぶ。本堂の右手にある薬師堂には明治のはじめに廃寺となった光勝寺から移された平安時代後期作の薬師如来座像が安置される。

<DATA>

◉住所／京都府向日市物集女町御所海道25◉電話／075-921-4978◉拝観料／無料◉拝観時間／日中随時◉定休日／無休◉交通／阪急京都本線「洛西口駅」から徒歩約10分

MAP
P47-D外

法寿山 正法寺
（ほうじゅざん　しょうぼうじ）

洛西三十三観音霊場
番外札所

▲札所本尊は左右に脇面をもつ三面千手観音。

鑑真和尚とともに唐から日本に渡ってきた智威大徳が天平勝宝年間（749〜57）にこの地に庵を結んだ春日禅房がはじまりとされる。その跡地に最澄（伝教大師）が大原寺を建立、その子院のひとつといわれる。

札所本尊は正面の顔の左右に脇面をもつ三面千手観音で、本堂正面に祀られている（国重文）。その右側には空海（弘法大師）が厄除けのために刻んだという聖観音が安置されている。

<DATA>

◉住所／京都市西京区大原野南春日町1102◉電話／075-331-0105◉拝観料／300円◉拝観時間／9:00〜17:00◉定休日／無休◉交通／阪急バス「南春日町」から徒歩約10分

MAP
P47-D㉝

仏華林山 宝菩提院 願徳寺
（ぶっかりんざん　ほうぼだいいん　がんとくじ）

洛西三十三観音霊場
第三十三番札所

▲寺宝の諸仏を安置する真新しい本堂。

飛鳥時代、持統天皇が霊夢を見て向日市寺戸の地に建立したのがはじまりという古刹。その後、衰退していたのを平教盛の子、小川法院忠快が再興、中興の祖と仰がれている。

本堂の中央には、秀麗な姿が印象的な本尊如意輪観音半跏像（国宝）が祀られる。幾多の荒廃を経て、変遷を重ねてきた寺院であるが、コンクリート造りの本堂には古い歴史を裏付けるように寺宝の諸仏が安置される。

<DATA>

◉住所／京都市西京区大原野南春日町1223-2◉電話／075-331-3823◉拝観料／400円◉拝観時間／9:30〜16:00◉定休日／2月休◉交通／阪急バス「南春日町」から徒歩約20分

京都十六社朱印めぐり

【きょうとじゅうろくしゃしゅいんめぐり】


毎年元旦から2月15日の期間に、京都の由緒ある16の神社に参拝し御朱印を受けるという「京都十六社朱印めぐり」。

この期間、各神社に置かれている専用の御朱印帳に御朱印を受けると初詣ご参拝記念の干支置物をいただくことができ人気になっている。

十六社の鎮座するエリアは京都市中心部から伏見や長岡京まで広い地域に点在している。そのため、最低でも3日間ほどの日程が必要となる。

しかし、十六社を全て参拝すれば、厄除け・安産・家内安全・病気平癒・健康長寿・交通旅行安全・学問成就・商売繁盛・家運繁盛・出世開運と多くの御利益が受けられるのが魅力。

本書では、「京都十六社朱印めぐり」の各社の御朱印（84～85ページ）を紹介。

86ページからは、通年にわたり、御朱印を受けられる15社を紹介する。

由緒正しい京の神社で御朱印を受け
厄除や商売繁盛など様々な御利益を

京都十六社朱印めぐり全体マップ

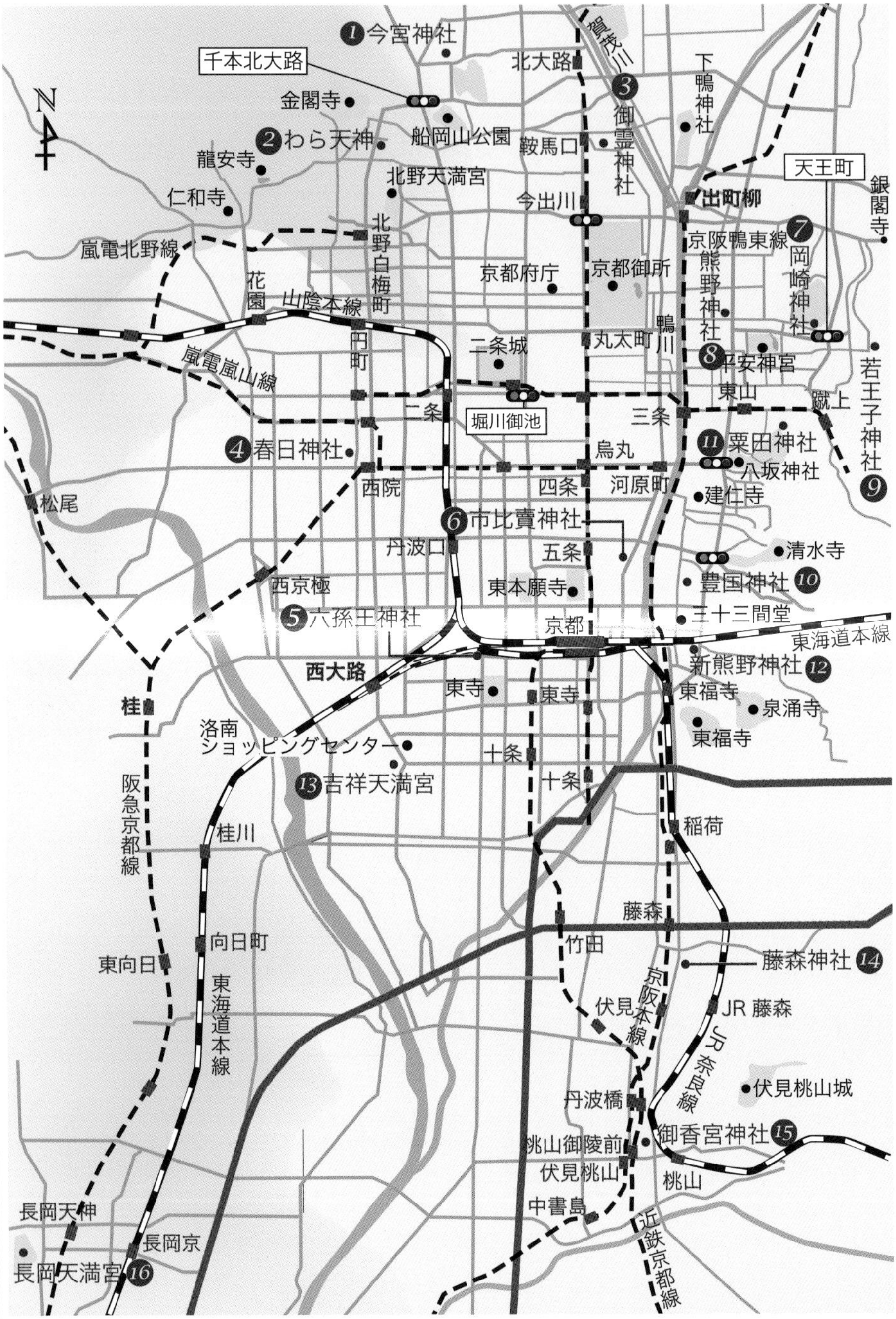

A
金閣寺前
金閣寺
西大路通
氷室通
坂田医院
2 わら天神宮
わら天神前
洋服の青山
わら天神前
廬山寺通

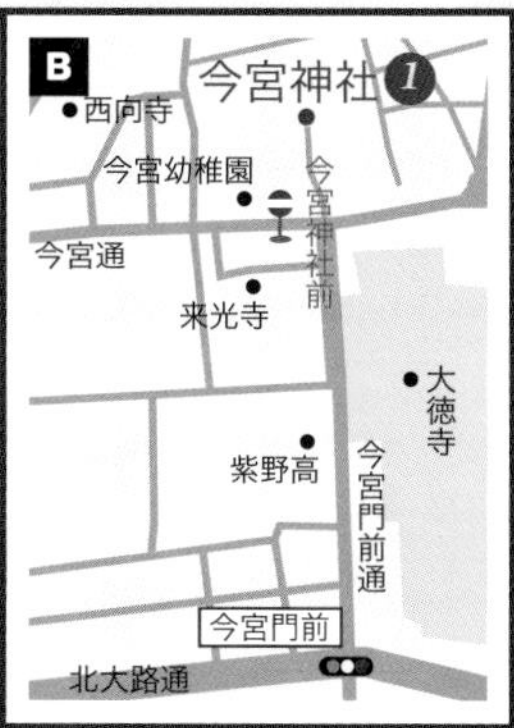
B
今宮神社 1
西向寺
今宮幼稚園
今宮神社前
今宮通
来光寺
大徳寺
紫野高
今宮門前通
今宮門前
北大路通

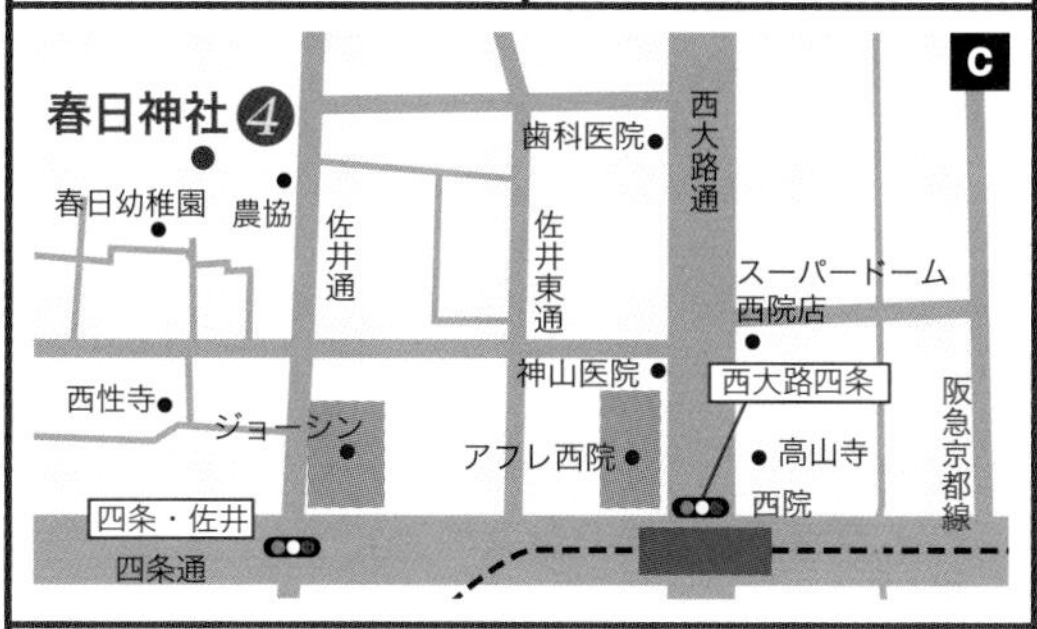
C
春日神社 4
春日幼稚園
農協
佐井通
歯科医院
西大路通
佐井東通
スーパードーム西院店
西性寺
ジョーシン
神山医院
西大路四条
阪急京都線
アフレ西院
高山寺
西院
四条・佐井
四条通

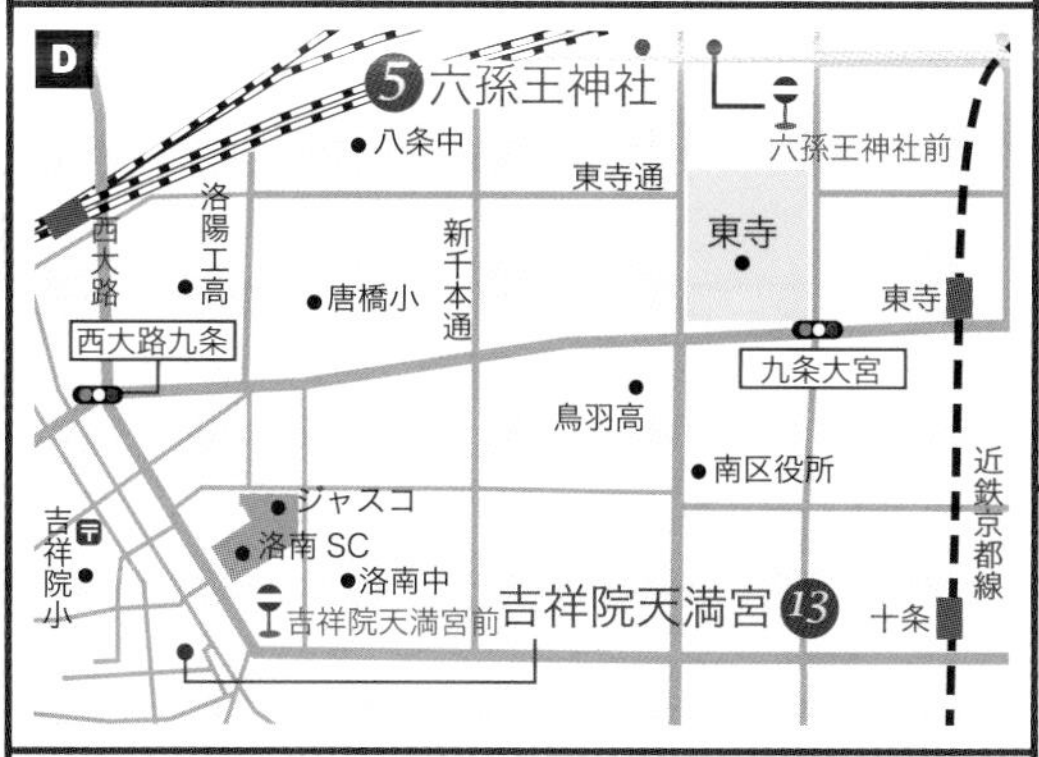
D
5 六孫王神社
八条中
六孫王神社前
東寺通
西大路
洛陽工高
新千本通
東寺
唐橋小
東寺
西大路九条
九条大宮
鳥羽高
南区役所
近鉄京都線
ジャスコ
吉祥院小
洛南SC
洛南中
吉祥院天満宮前
吉祥院天満宮 13
十条

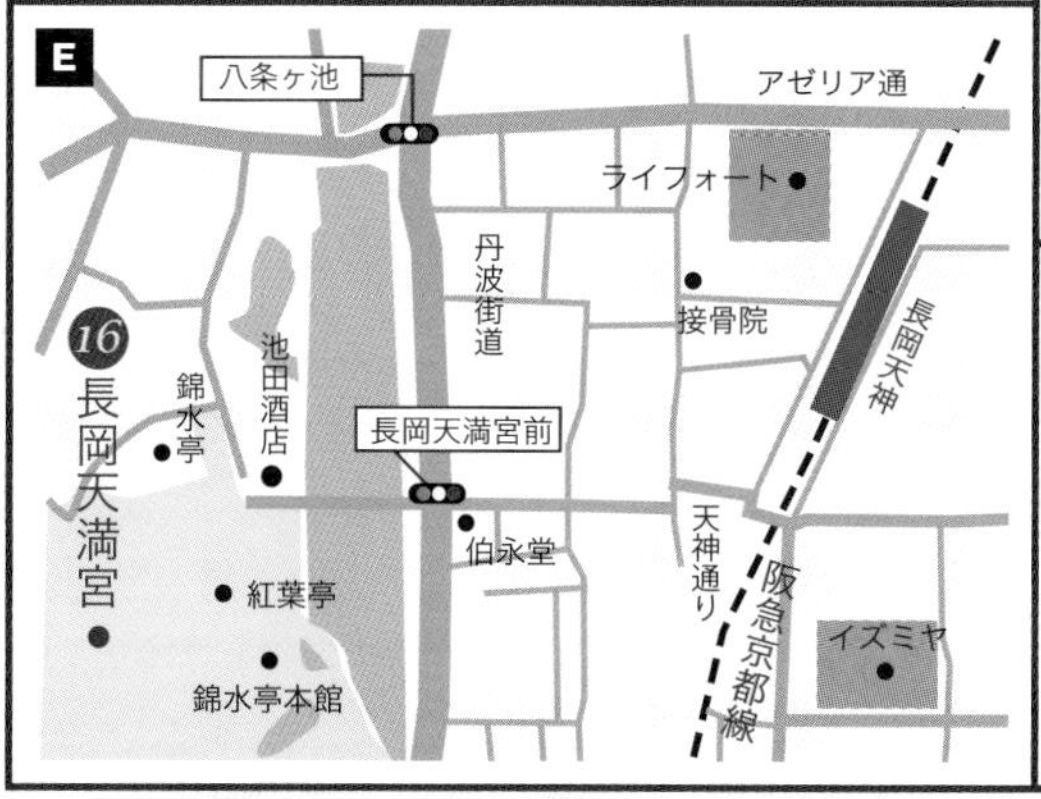
E
八条ヶ池
アゼリア通
ライフォート
丹波街道
接骨院
16
長岡天満宮
錦水亭
池田酒店
長岡天満宮前
長岡天神
天神通り
伯永堂
阪急京都線
紅葉亭
イズミヤ
錦水亭本館

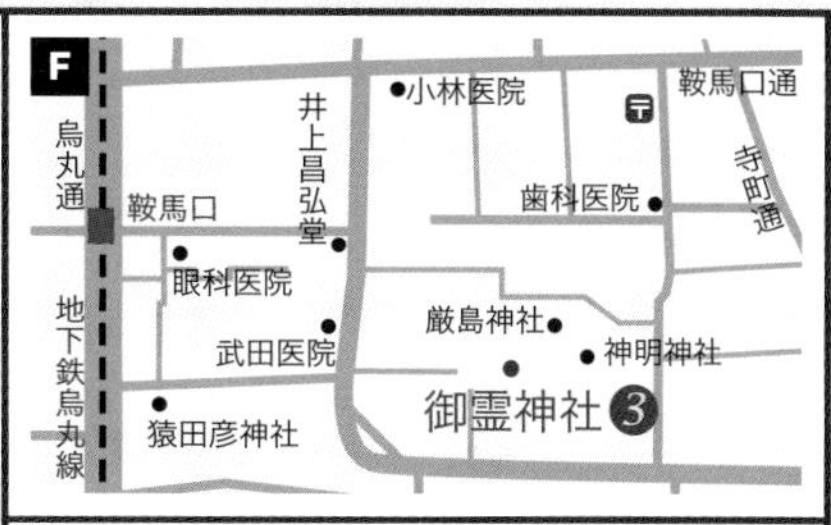
F
烏丸通
井上昌弘堂
小林医院
鞍馬口通
寺町通
鞍馬口
歯科医院
地下鉄烏丸線
眼科医院
厳島神社
神明神社
武田医院
御霊神社 3
猿田彦神社

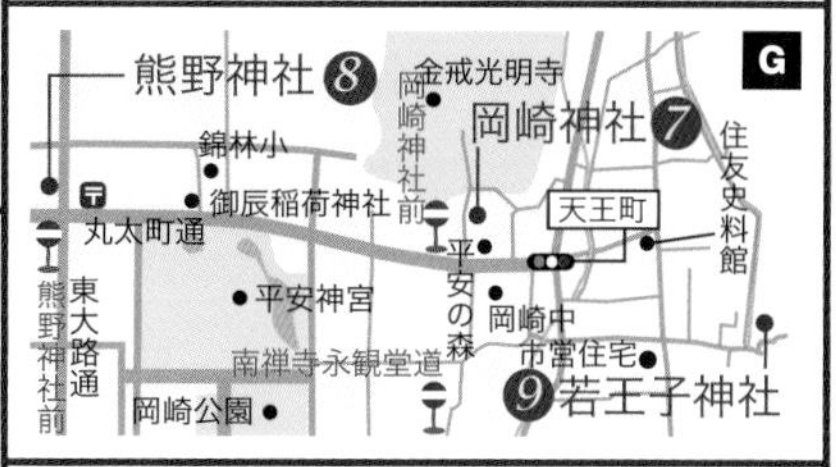
G
熊野神社 8
金戒光明寺
岡崎神社前
岡崎神社 7
住友史料館
錦林小
御辰稲荷神社
天王町
丸太町通
熊野神社前
東大路通
平安神宮
平安の森
岡崎中
南禅寺永観堂道
市営住宅
岡崎公園
9 若王子神社

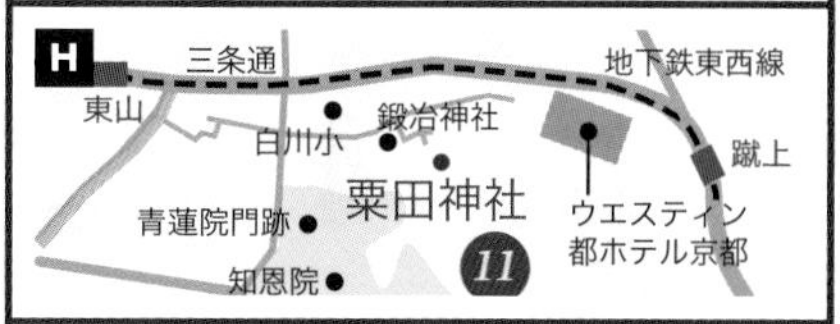
H
三条通
地下鉄東西線
東山
鍛冶神社
白川小
蹴上
粟田神社
青蓮院門跡
ウエスティン都ホテル京都
知恩院
11

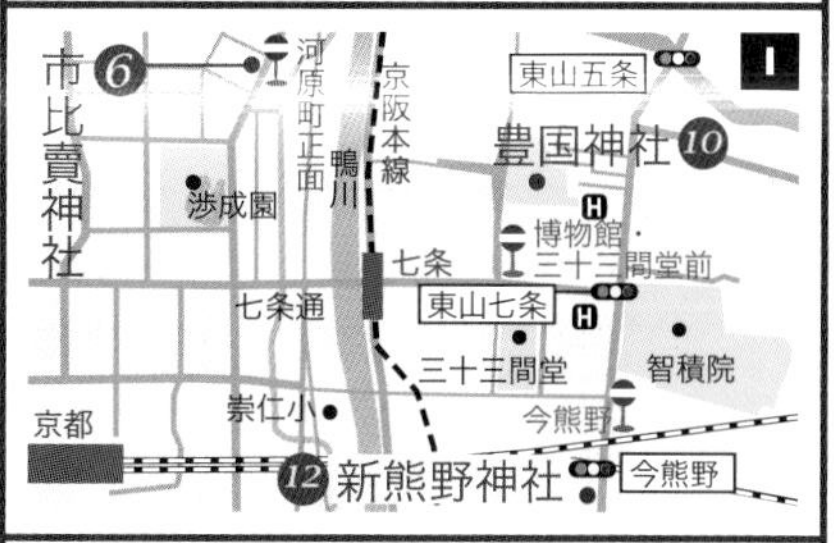
I
市比賣神社 6
河原町正面
京阪本線
東山五条
鴨川
豊国神社 10
渉成園
博物館・三十三間堂前
七条
七条通
東山七条
三十三間堂
智積院
崇仁小
今熊野
京都
12 新熊野神社
今熊野

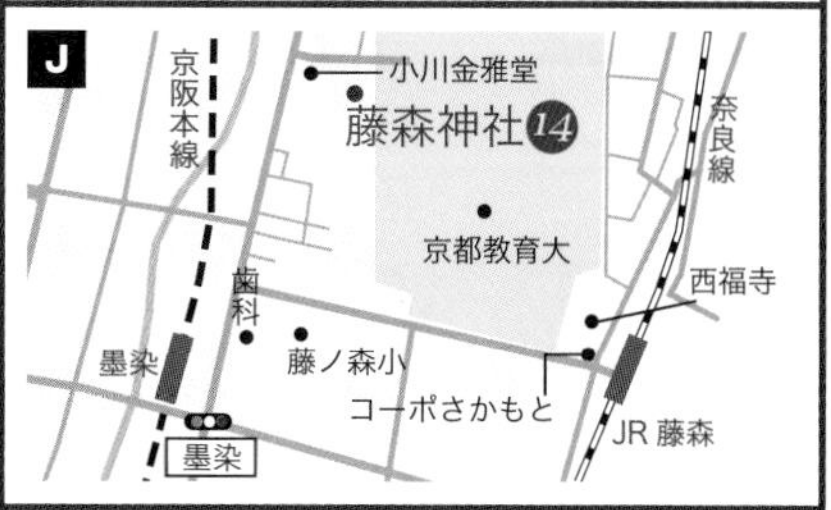
J
京阪本線
小川金雅堂
藤森神社 14
奈良線
京都教育大
西福寺
歯科
藤ノ森小
墨染
コーポさかもと
墨染
JR 藤森

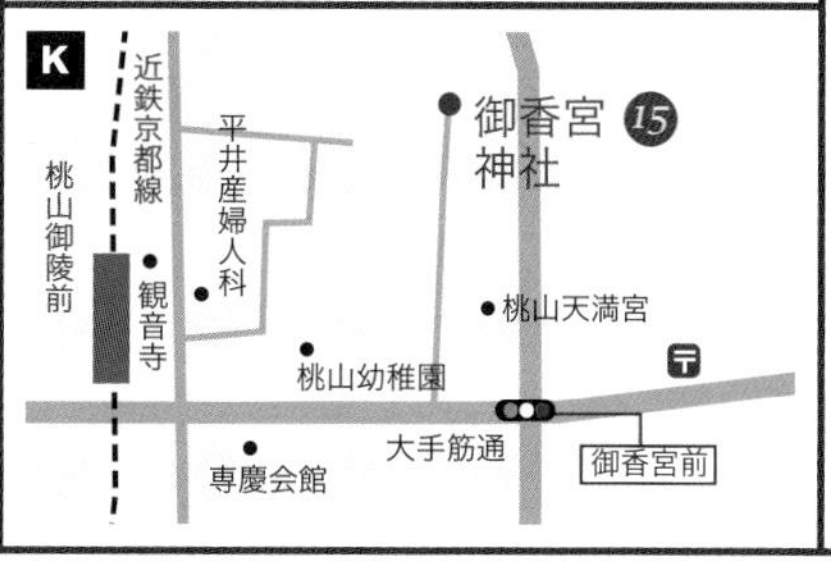
K
近鉄京都線
平井産婦人科
御香宮神社 15
桃山御陵前
観音寺
桃山天満宮
桃山幼稚園
大手筋通
御香宮前
専慶会館

京都十六社朱印めぐり

元旦～2月15日の期間、専用御朱印帳でめぐると、かわいい干支置物がいただける。（各社300円）

わら天神宮

安産

厄除 子授け

藤森神社

勝運と馬の神社

東天王 岡崎神社

子授け 安産

厄除

御香宮神社

安産 厄除

病気平癒

西院 春日神社

病気厄除け

厄除 病気快癒 交通旅行安全

六孫王神社

出世開運 家運隆盛

守護神

豊国神社

出世開運 厄除招福

良縁成就 商売繁盛

長岡天満宮

学問の神様

厄除 開運

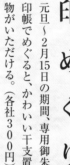

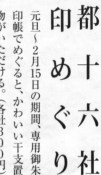

吉祥院天満宮

受験合格 開運招福

ちえと能力開発の神さま

今宮神社

健康長寿

良縁開運

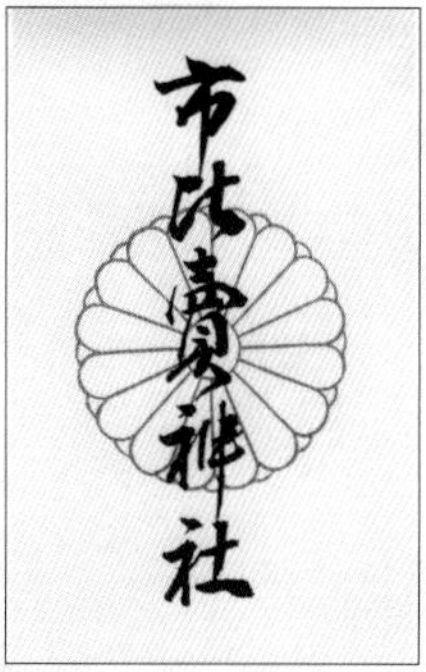

市比賣神社

京都唯一

女人厄除 祈祷所

熊野若王子神社

学業成就

商売繁盛

令和2 年の干支置物

粟田神社

旅立ち守護・厄除

京都 熊野神社

縁結び 安産

病気平癒

新熊野神社

健康長寿 病魔退散

特にお腹守護

御霊神社

こころしづめ

厄除 学業成就

明治時代に再建された立派な本社。

MAP
P83-B①

京都十六社

今宮神社
（いまみやじんじゃ）

健康長寿・良縁開運

疫神を鎮めるために勧請された神社

祭神として、本社の中御座に大己貴命《おおなむちのみこと》、東御座に事代主命、西御座に奇稲田姫命、そして摂社の疫社に素盞烏尊《すさのおのみこと》を祀る。

この地には平安建都以前より疫神を祀る社があったといわれる。平安京は都市として栄える一方で、人々はうち続く疫病や災厄に悩まされ、これを鎮めるため神泉苑、御霊社、祇園社など京都各地で盛んに御霊会が営まれたが、今宮社の紫野御霊会もそのひとつ。

一条天皇御世の正暦5年（994）、この地の疫神を二基の神輿に齋い込めて船岡山に安置し、神慮を慰め、悪疫退散を祈った。これが紫野御霊会であり今宮祭の起源とされる。この時、老若男女が神輿に供し船岡山へ登り、囃子に合わせて唱い踊り、病魔の寄れる人形を難波江に流したといわれる。この願いは今も毎年4月に行われる「やすらい祭」へと受け継がれている。

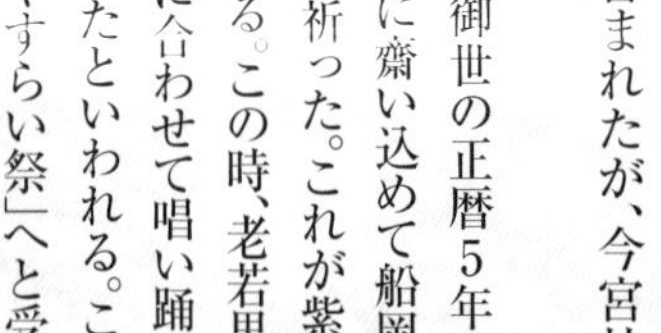
▲楼門をくぐると本殿の前に建つ拝殿がある。

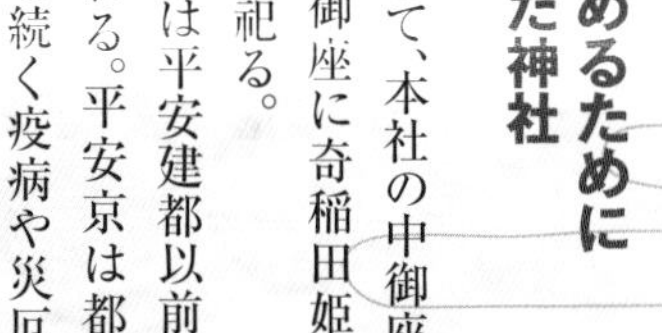
▲技芸上達に御利益がある織姫社。

京都三奇祭に数えられる「やすらい祭」

鉄棒・鉦・督殿・御幣持・風流花傘・子鬼・赤熊の鬼・黒熊の鬼・太刀持・笛方・囃子方などの行列が、「やすらいの花や〜」とのかけ声とともに、祭を担う地域を練り歩き、今宮神社へ向かい、社殿前で踊り、御幣を奉納する。風流花傘に入るとその年は無病息災でいられるといわれる。

今宮神社の名は、長保3年（1001）、ご霊夢によって疫神を祀るこの地に新たに設けられた神殿三宇ともども今宮と名づけられたことに由来する。以来、現在に至るまで、疫神を鎮める社として朝野の崇敬を集めている。また、門前には疫病退散に御利益があるという「あぶり餅」を食べさせる茶店が2軒向かいあっており、ともに数百年以上、この地で商売を続けている。

<DATA>

◉住所／京都市北区紫野今宮町21◉電話／075-491-0082◉拝観料／無料◉拝観時間／境内自由◉定休日／無休◉交通／市バス「今宮神社前」から徒歩すぐ

▲軽く感じると願いが叶うという「阿呆賢さん」

▶艶やかな朱色が目を引く楼門。

▲境内の一画には、織田信長とその家臣を祀る織田稲荷社が鎮座する。

▲疫病退散に効がある「あぶり餅」を商う茶屋。

MAP P83-A②

京都十六社

わら天神宮［敷地神社］

（わらてんじんぐう［しきちじんじゃ］）

安産・厄除・子授け

▲安産・子授けに霊験あらたかな神社。

▲境内には拾遺和歌集にも詠まれている綾杉明神が鎮座する。

▲西大路通り沿いに大きな鳥居が向かえてくれる。

稲藁を安産御守とする天神社

木花開耶姫命《このはなさくやひめのみこと》を祭神とし、安産の御利益で知られるために妊産婦の参拝が多い。もとは北山の神として、大古山背国葛野郡衣笠村に降臨された天神地祇で、古くより土地の人々の信仰を集めていた。天長８年（８３１）、この地に氷室が設けられ、その夫役が加賀の国より移住し、崇敬していた管生石部神の分霊を勧請し、北山の神の西隣に祀って、祭神を管生石部神の御母木花開耶姫命と定めた。

その後、室町時代の応永４年（１３９７）に室町幕府３代将軍の足利義満が西園寺北山殿を山荘として造営するにあたり両社を合祀し、現在地に移転した。稲藁が安産御守に含まれるひとつとして、その藁に節があれば男児、節がなければ女児が誕生するとの古くからの珍しい信仰があり人気を集める。

<DATA>

◉住所／京都市北区衣笠天神森町◉電話／075-461-7676◉拝観料／無料◉拝観時間／境内自由◉定休日／無休◉交通／市バス「わら天神前」から徒歩すぐ

MAP
P83-F③

京都十六社

御霊神社（ごりょうじんじゃ）［上御霊神社（かみごりょうじんじゃ）］

こころしずめ・厄除・学業成就

政争により御霊となった人々を祀る

崇道天皇、井上大皇后《いのうえのおおひきさき》、他戸親王《おさべしんのう》、藤原大夫人、橘大夫、文大夫、火雷神、吉備大臣などを祭神として祀る。

延暦13年（794）、桓武天皇が平安遷都にあたり守り神として早良親王（崇道天皇）の神霊を祀ったのがはじまり。早良親王は長岡京遷都の折り、藤原種継暗殺の首謀者の一人として捕えられ、無実を訴え自ら食を断ち、早出した。当時、天変地異や疫病の流行が相次ぎ、それは非運の中に亡くなられた高貴の人々の恨みによるものとされ、その人々の御霊を祀ることにより、災いをなくそうという御霊信仰が盛んになった。そのお祭りが御霊会で、御霊神社の祭礼がその発祥である。

以後、井上内親王、他戸親王をはじめとする八柱の神霊が祀られた。

<DATA>

◉住所／京都市上京区上御霊前通烏丸東入ル上御霊竪町495◉電話／075-441-2260◉拝観料／無料◉拝観時間／境内自由◉定休日／無休◉交通／地下鉄烏丸線「鞍馬口駅」から徒歩約3分

▲政争により非業の死を遂げた人々を祀る。

▲こころしずめ・厄除けに霊験あらたかな神社。

▲普段、境内はひっそりと静まり返っている。

MAP
P83-C④

西院 春日神社

（さいいん かすがじんじゃ）

京都十六社

病気厄除・厄除・病気平癒、交通旅行安全

▲病気平癒、厄除けに御利益がある神社。

▲広い境内は地元の人々憩いの場にもなっている。

▲本殿の東側にある石鳥居を潜って境内へ。

淳和天皇が春日大社より分霊を祀った

第一殿に建御賀豆智命《たけみかずらのみこと》、第二殿に伊波比主命《いわひぬしのみこと》、第三殿に天児屋根命《あめのこやねのみこと》、第四殿に比売神を祭神として祀る。天長10年（833）、淳和天皇が譲位後、淳和院離宮に移り住んだ際、奈良春日大社より分霊を迎え祀ったことに由来する。特に淳和天皇の皇女崇子内親王が疱瘡を患った折に、神前の石が内親王の身代りとして疱瘡を生じ快癒したことから、病気平癒の守護神として崇められている。その石は現在も「霊石・疱瘡石」として残り、神社の縁日の日の他に月に3日（1、11、15日）ほど公開されている。

また、摂社の還来神社は旅行安全の御利益で知られ、先の大戦中には、出征兵士の無事帰還を願う家族が多数訪れたという。仁孝天皇御胞衣塚は安産・幼児守護の信仰がある。

<DATA>

◉住所／京都市右京区西院春日町61◉電話／075-312-0474◉拝観料／無料◉拝観時間／境内自由◉定休日／無休◉交通／阪急京都線「西院駅」から徒歩約3分

MAP
P83-D⑤

京都十六社

六孫王神社
（ろくそんのうじんじゃ）

出世開運守護神

清和源氏を興した 六孫王の霊廟にある神社

主祭神として六孫王大神（源経基）、相殿に天照皇大御神、八幡大神（源氏の守護神）を祀る。

六孫王は、承平・天慶の乱（平将門・藤原純友の叛乱）に東国・西国の追討使を承り、武蔵、信濃などの国司を歴任、さらに鎮守府将軍に任じられた。現在の社地は王の住居地で、その臨終に臨み「霊魂滅するとも龍（神）となり西八条の池に住みて子孫の繁栄を祈るゆえにこの地に葬れ」と遺言されたと伝わる。

実質上の清和源氏の祖で六孫王の嫡男・源満仲は王の遺骸をこの地に埋葬し、その前に社殿を築いたのが六孫王神社のはじまり。境内中央の池を神龍池といい、その側に満仲誕生の折りに井戸上に琵琶湖の竹生島より弁財天を勧請し、安産を祈願し産湯に使ったという誕生水弁財天社がある。

<DATA>

◉住所／京都市南区壬生川通八条角◉電話／075-691-0310◉拝観料／無料◉拝観時間／境内自由◉定休日／無休◉交通／市バス「六孫王神社前」から徒歩約1分

▲六孫王の墓所の上に社殿が築かれている。

▲社殿には神龍池に架かる橋を渡って行く。

▲王の遺言による神龍池の畔には鯉魚塚が立つ。

京都十六社朱印めぐり

MAP
P83-I⑥

京都十六社

市比賣神社
（いちひめじんじゃ）

女人厄除　祈祷所

▲女人厄除け祈願で有名な神社。

▲本殿の厨子の中に２体の御神像が奉じられる。

▲茶会などで使われる名水「天之真名井」。

五柱の女神のご神徳で 女性の願い事に御利益がある

祭神は、神大市比賣命《かみおおいちひめのみこと》、市寸島比賣命《いちきしまひめのみこと》、多岐都比賣命、多紀理比賣命、下照比賣命の五柱の女神。このことから女性の守り神とされ、あらゆる女性のお願い事に御利益があるといわれる。特に歴代の皇后陛下が受けられた「女人厄除け祈祷」は有名で、今も全国から女性の参拝者が絶えない。

また、平安時代から市場の守り神でもあり、「誓約の神（物事の流れを良くする神様）」として信仰されてきた。昭和初期、京都に日本初の「中央卸売市場」が開設された際に、市比賣神社の分社として「市姫神社」が祀られ、現在でも市場関係者から篤い崇敬を集めている。また、子供の健やかな成長を願うお食い初めの発祥・源流としても知られており、『源氏物語』などにも登場する。

<DATA>

◉住所／京都市下京区河原町五条下ル一筋目西入◉電話／075-361-2775◉拝観料／無料◉拝観時間／境内自由◉定休日／無休◉交通／市バス「河原町正面」から徒歩約3分

MAP
P83-G⑧

京都十六社

京都 熊野神社

（きょうと くまのじんじゃ）

縁結び・安産・病気平癒

日本初の夫婦神、伊弉諾尊・伊弉冉尊と御子神天照大神を祀る

京都三熊野の最古社で、伊弉冉尊《いざなみのみこと》、伊弉諾尊《いざなぎのみこと》、天照大神、速玉男尊、事解男尊《ことさかのをのみこと》を祭神とする。弘仁2年（811）修験道始祖役小角の十世僧日圓が、国家護持のために紀州熊野大神を勧請。後に白河院の勅願により創立された聖護院の守護神となった。

室町時代、応仁の乱により社殿が焼失。しかし、江戸時代のはじめの寛文6年（1666）に、聖護院宮道寛法親王が再興した。現在の本殿は、天保6年（1835）の大改修の際に下鴨神社から移築された。

祭神は、日本最初の夫婦神である伊弉諾尊・伊弉冉尊で、「縁結び・安産のご利益で古くから崇敬を集める。また、病気平癒の祈願に参拝する人も多い。

さらに、古くから節分の日に「火の用心のお札」を授かる風習があり、今でも多くの参拝者で賑わう。

<DATA>

◉住所／京都市左京区聖護院山王町43◉電話／075-771-4054◉拝観料／無料◉拝観時間／境内自由◉定休日／無休◉交通／市バス「熊野神社前」から徒歩すぐ

▲日本最初の夫婦神を祀る神社。

▲節分の日に「火の用心のお札」が授与される。

▲近くにある名刹・聖護院門跡の守護神でもあった。

MAP
P83-G⑨

熊野若王子神社
（くまのにゃくおうじじんじゃ）

京都十六社

学業成就・商売繁盛

▲後白河法皇が紀州の熊野三所権現を勧請。

▲古より風光明媚な境域として知られる。

▲拝殿の左側に祀られている恵比寿社。

古くから風光明媚な立地で知られる後白河法皇が建立した神社

南禅寺側、哲学の道の起点に鎮座する神社で、国常立神《くにのとこたちのかみ》、伊佐那岐神、伊佐那美神、天照皇大神、恵比須像を祭神とする。

永暦元年（1160）、後白河法皇が、紀州の熊野三所権現の神霊を勧請、那智の分社として建立したという。永観堂の守護神で祈願所だった正東山若王子の鎮守であったが明治初年の神仏分離によって熊野若王子神社のみが残った。

室町幕府将軍の足利尊氏や義政が、この地に花を愛で宴を開いたと伝えられるほど、古より風光明媚な地として知られたが、今でも木々が生い茂り、滝も配され、境内は厳かな雰囲気に包まれている。春は桜、夏は納涼地、秋は紅葉の名所としてつとに有名で季節になると多くの人で賑わう。

<DATA>

◉住所／京都市左京区若王子町2◉電話／075-771-7420◉拝観料／無料◉拝観時間／9:00～17:00◉定休日／無休◉交通／市バス「南禅寺・永観堂道」から徒歩約8分

京都十六社

豊国神社《ほうこくじんじゃ》

出世開運・厄除招福・家内安全・商売繁盛

MAP P83-I⑩

元は東山阿弥陀ヶ峯の中腹に鎮座した太閤豊臣秀吉を祀る神社

太閤豊臣秀吉を祭神として祀る。慶長3年（1598）8月18日、伏見城で亡くった豊臣秀吉の亡骸は京都東山阿弥陀ヶ峯の山頂に葬られ、翌年に秀吉を祀る豊国社が創建された。

正一位の神階と豊国大明神の御神号を賜り、社領1万石、境内域30万坪を誇る壮麗かつ壮大な神社であったという。しかし、大坂夏の陣において豊臣家が滅亡すると、徳川家により廃祀された。

明治維新を迎え、明治天皇により豊国社の再興が決定。明治13年（1881）に、豊臣氏子孫や旧家臣達により、現在の地に社殿が造営された。境内には、伏見城遺構とされる唐門（国宝）や秀吉の遺品や社宝を収蔵する宝物館などがある。秀吉にちなみ、出世開運の神様として崇敬を集める。

<DATA>

◉住所／京都市東山区大和大路通正面茶屋町530◉電話／075-561-3802◉拝観料／無料◉拝観時間／境内自由◉定休日／無休◉交通／市バス「博物館・三十三間堂前」から徒歩約5分

▲伏見城の遺構といわれる国宝の唐門。

▲秀吉ゆかりの方広寺大仏殿跡近くに鎮座する。

▲秀吉にちなんで出世開運の神様として信仰が篤い。

MAP P83-H⑪

粟田神社
（あわたじんじゃ）

京都十六社

旅立ち守護・厄除

▲旅行安全を祈願する人々が訪れる。

祭神として主座に素戔嗚尊、大己貴命、左座に八大王子命、右座に奇稲田媛命、神大市媛命、佐須良媛命を祀る。平安時代の貞観18年（876）に国家と民の安全を祈願する為に全国の諸神へ勅使が遣わされた。

その満願の夜、勅使の藤原興世の枕元に老翁のお姿の大己貴命が神託を告げ、興世はこれを神意であると朝廷に奏上、勅命により社を建てて御神霊を祀ったのがはじまりとされる。

<DATA>

◉住所／京都市東山区粟田口鍛冶町1◉電話／075-551-3154◉拝観料／無料◉拝観時間／8:30〜17:00◉定休日／無休◉交通／地下鉄東西線「東山駅」から徒歩約6分

MAP P83-I⑫

新熊野神社
（いまくまのじんじゃ）

京都十六社

健康長寿・病魔退散・お腹守護

▲健康長寿、安産の神として崇敬される。

伊邪那美命をはじめ12社の神々を祭神とする。平安末期、後白河上皇が紀州から熊野権現本宮の祭神を勧請し、熊野の新宮として創建した。

社頭の大樟は樹齢900年、創建当時に熊野から移植した上皇お手植で、熊野の神が降臨された霊樹と伝えられる。

また、観阿弥・世阿弥父子が境内で「新熊野神事猿楽」を演能した。これが今日の能楽隆昌の機縁となった。

<DATA>

◉住所／京都市東山区今熊野椥ノ森町42◉電話／075-561-4892◉拝観料／無料◉拝観時間／境内自由◉定休日／無休◉交通／市バス「今熊野」から徒歩約2分

京都十六社

吉祥院天満宮
（きっしょういんてんまんぐう）

受験合格・開運招福

MAP
P83-D⑬

我が国初の天満宮で菅原道真公誕生の地に建つ

天満宮に菅原道真公、吉祥院に吉祥天女、菅原清公公、菅原是善公、伝教大師、孔子を祀る。菅原道真公の没後31年目に当たる承平４年（９３４）、菅原道真公誕生の地に朱雀天皇の勅命により創建された我が国で最初の天満宮として知られる。

道真公の祖父清公公は、文章博士・大学頭を歴任した官僚であった。延暦23年（８０４）に遣唐使の命を受けて唐へ渡航したが、途中暴風に遭遇、その船上で吉祥天女の霊験を得て無事に入唐することができ、任務を終えて帰国することができた。その御礼に自邸内にお堂を建て吉祥天女の尊像を祀ったといい、これが吉祥院の由来で地名の起源となった。

境内には道真公のへその緒を埋めたと伝えられる「胞衣塚」が残る。

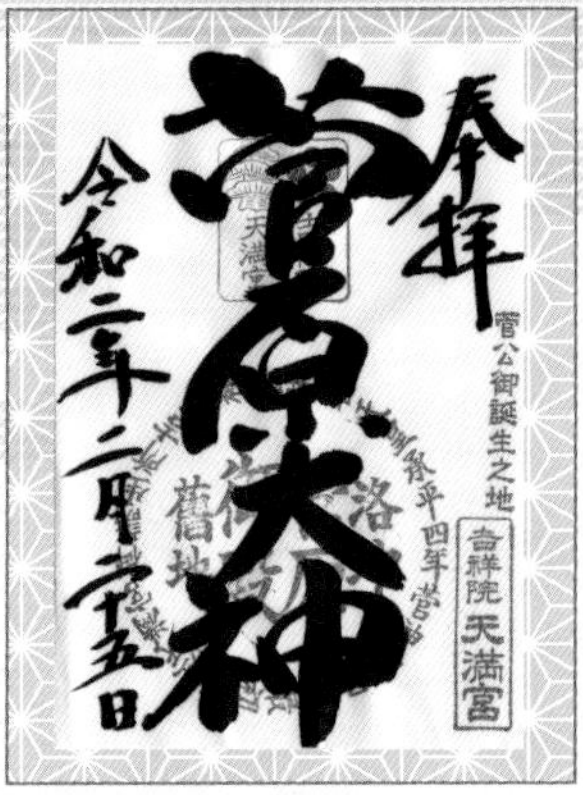

<DATA>

◉住所／京都市南区西大路十条西入ル吉祥院政所町3◉電話／075-691-5303◉拝観料／無料◉拝観時間／境内自由◉定休日／無休◉交通／市バス「吉祥院天満宮前」から徒歩約5分

▲拝殿。当社は日本最初の天満宮として知られる。

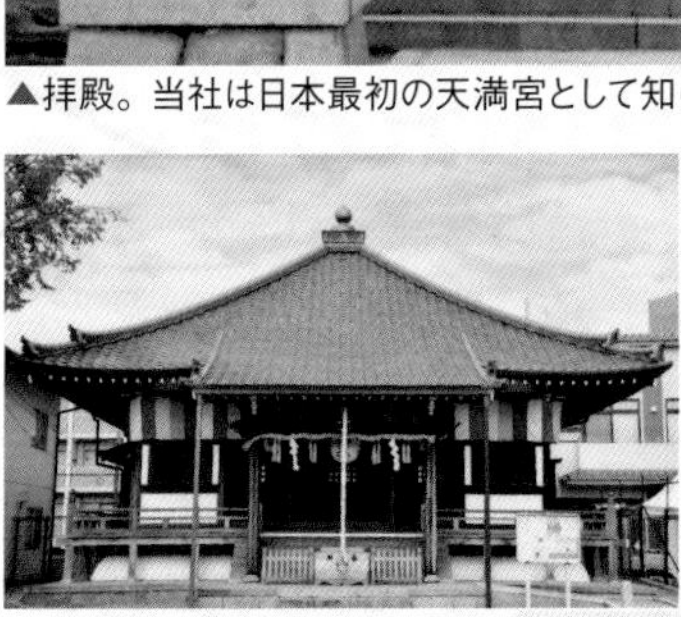

▲道真公の祖父清公公が祀った吉祥天女像が吉祥院の起源となった。

▲道真公のへその緒を埋めたという胞衣塚。

1800年前に神功皇后が祭祀したという古社。

MAP P83-J⑭

京都十六社

藤森神社

（ふじのもりじんじゃ）

勝運

1800年もの昔、聖地として神功皇后により創建された

本殿中座に素盞嗚命・別雷命《わけいかづちのかみ》・日本武尊・応神天皇・神功皇后・武内宿彌・仁徳天皇、本殿東座に天武天皇・舎人親王、本殿西座に早良親王・伊予親王・井上内親王を祭神として祀る。

縁起略史によると今から約１８００年前に神功皇后が新羅からの凱旋の後、山城国深草の里藤森の地を聖地として選び、ここに軍中の大旗を立てて兵具を納め、塚を造り、神祀りを行ったことがはじまりと伝わる。

本殿東側には今でもその塚と伝えられるものが残されていて、神功皇后は本殿の中座に日本武尊や応神天皇などとともに祀られている。

さらに、延暦13年（７９４）、平安京遷都の年には、桓武天皇より弓兵政所《ゆずえまんどころ》の称が授けられた。神代から平安時代に至るまで、皇室とゆかりの深い古社でもある。

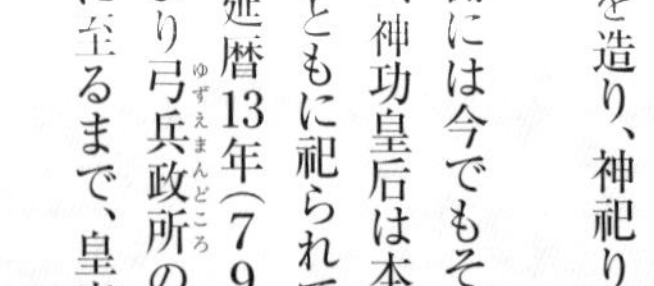
▲境内にはご神水の不二の水が湧き出る。

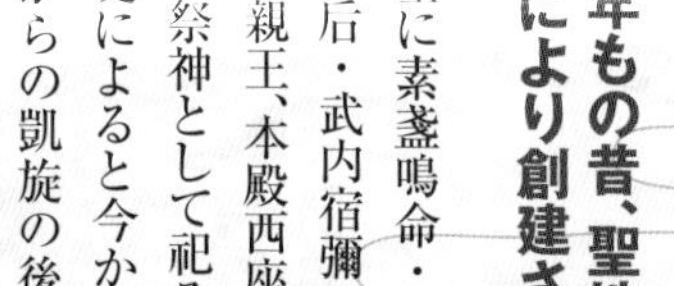

▲近藤勇も祈願した腰痛守除のいちの木さん。

早良親王と舎人親王を祀り 勝運や学問の御利益で崇敬を集める

天平宝字3年(759)に藤尾の地に舎人親王(崇道尽敬皇帝)を祀る神社として創建された東殿(東座)、延暦19年(800)に塚本の地に早良親王を祀る神社として創建された西殿(西座)と中座の三つの神社が合祀され藤森神社となった。早良親王は生前より中座の神を崇敬しており、陸奥で反乱が起った時、その追討将軍として戦勝を祈願した。これが現在の駈馬神事の起源となった。

藤森神社は菖蒲の節句発祥の神社としても知られ、菖蒲=勝負など勝運と馬の神様として、競馬関係者や、競馬ファンの崇敬が厚い。また、『日本書紀』の編者である舎人親王を祀ることから学問、特に受験での勝運に霊験あらたかな神社とされる。

<DATA>

◉住所／京都市伏見区深草鳥居崎町609◉電話／075-641-1045◉拝観料／無料◉拝観時間／境内自由◉定休日／無休◉交通／京阪本線「墨染駅」から徒歩約7分

◀馬の神様として競馬関係者の崇敬が篤い。

▲室町幕府6代将軍、足利義教が建立した摂社の八幡宮本殿。

▲桓武天皇により弓兵政所の称が授けられた。

▲早良親王の戦勝祈願が駈馬神事の起源という。

徳川御三家により寄進された拝殿。

MAP
P83-K⑮

京都十六社

御香宮神社
(ごこうのみやじんじゃ)

安産・厄除・病気平癒

社名の由来となった
本殿近くから湧く香り高い名水

祭神として正中に神功皇后、左御間に仲哀天皇、右御間に応神天皇、東御間に瀧祭神他二柱、西御間に仁徳天皇他二柱を祀る。

貞観4年(863)に、境内から大変に香り高い水が湧き出し、この水を飲むとどんな病でもたちまちに癒ったという奇瑞から、清和天皇より「御香宮」の名を賜ったという。

今も本殿脇から環境庁より日本名水百選に選ばれた「御香水」が湧き出ていて、ペットボトル持参で訪れる参拝人も多い。

伏見は豊臣秀吉が築いた伏見城の城下町として発展した。秀吉は、天正18年(1590)、関東の覇者として君臨した小田原北条氏を滅ぼし、天下統一を成し遂げた際に願文と太刀を奉納、城郭の鬼門除けの神として伏見城内に勧請したという。現在、境内の一画には旧伏見城の石垣の石が積まれている。

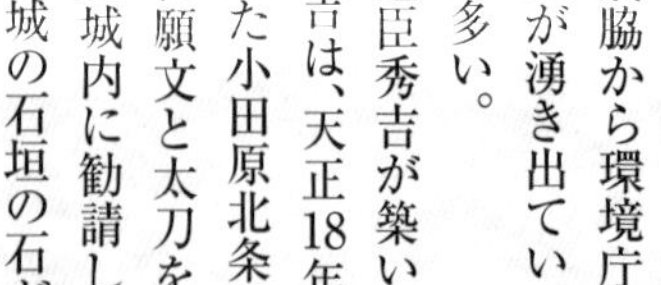
▲名水・御香水を求め人々が訪れる。

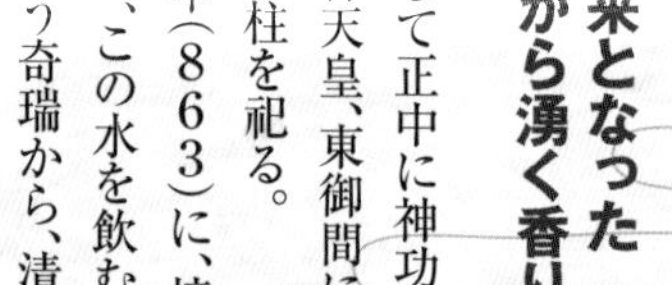
▲幕末の鳥羽伏見の戦いでは激戦地となった。

徳川将軍家により造営された社殿

慶長10年（1605）、関ヶ原の戦いに勝利し、征夷大将軍として江戸幕府を開いた徳川家康は御香宮を元の地に戻し、新たに本殿を造営した。この時、将軍家康に習い、表門は徳川御三家の水戸家の徳川頼房、拝殿は同じく御三家の紀伊家の徳川頼宣がそれぞれ寄進している。

時が移り、幕末の慶応4年（1868）、江戸幕府15代将軍徳川慶喜の大政奉還に対し、薩摩・長州藩などが武力蜂起した伏見鳥羽の戦では、境内に官軍の陣営が置かれた。幕府軍が本陣を構える伏見奉行所との間で激しい砲撃戦が行われたが、御香宮は幸いにして戦火をまぬがれた。

徳川家により造営された本殿・拝殿は近年大修理の結果、桃山時代の豪壮華麗な極彩色の建物が蘇った。

<DATA>

◉住所／京都市伏見区御香宮門前町174◉電話／075-611-0559◉拝観料／無料◉拝観時間／境内自由◉定休日／無休◉交通／近鉄京都線「桃山御陵前駅」から徒歩約5分

◀安産、厄除け祈願に多くの人が参拝する。

▲拝殿には美しい彫刻が施されている。

▲鳥羽伏見の戦いゆかりの地として、境内には「伏見の戦跡」の石碑が建つ。

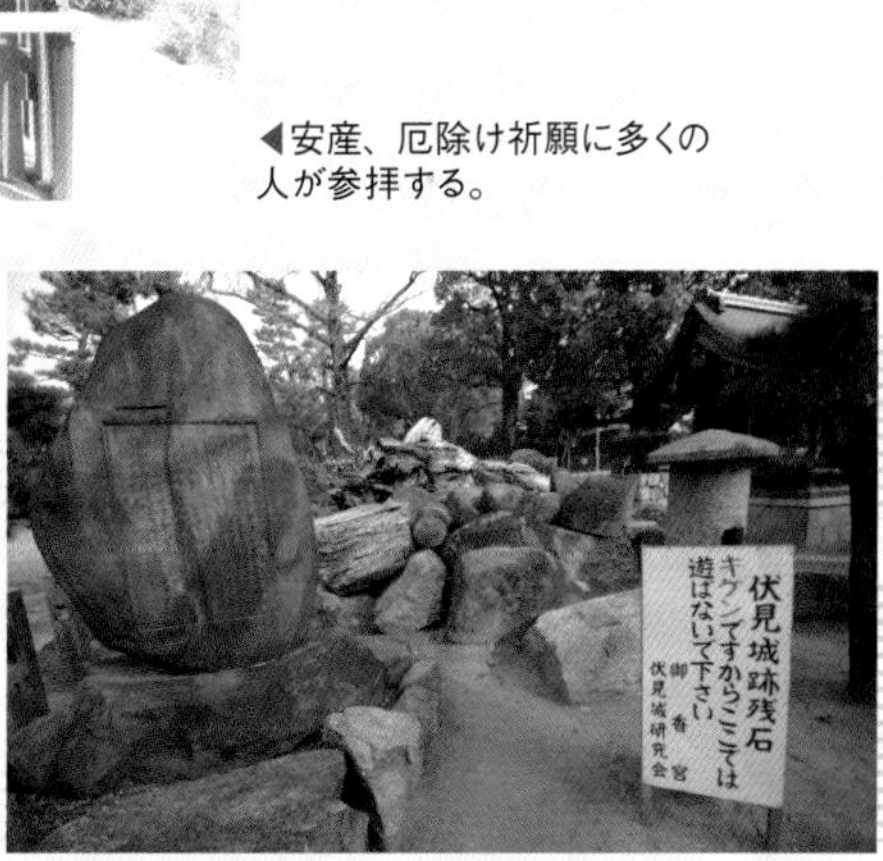

▲太閤秀吉の伏見城の石垣が置かれている。

MAP P83-E⑯

京都十六社

長岡天満宮

（ながおかてんまんぐう）

学問の神様

▲道真公左遷の折にその木像が祀られたと伝わる。

▲紅葉庭園「錦景苑」には約 100 本のモミジが植えられている。

▲参道を挟んで南北に広がる八條ヶ池は八條宮により築造。キリシマツツジは４月頃見ごろ。

平安京の前宮都・長岡の地で 学問の神様菅原道真公の木像を祀る

学問の神様・菅原道真公を祀る。長岡の地は、桓武天皇が平城京から平安京に遷都する間に都が置かれた長岡京の跡で、菅原道真公もしばしばこの地に遊んで詩歌管絃を楽しんだと伝えられている。

道真公が藤原氏との政争に敗れ太宰府に左遷の折り、この地に立ち寄り「吾が魂、長くこの地に留まるべし」と名残を惜しんだ縁故によって道真公御自作の木像を祀ったのが長岡天満宮の起源。

元和9年（1623）には八條宮の領地となり、度々寄進や造営を受け、後に参道を挟んで南北に広がる八條ヶ池が築造された。中堤の太鼓橋は加賀・前田家の寄進になると伝えられる名橋で、両側には樹齢150年余、高さ3mに達するキリシマツツジが多数植えられている。

<DATA>

◉住所／京都府長岡京市天神2-15-13◉電話／075-951-1025◉拝観料／無料◉社務所受付時間／9:00～17:00（4～9月は～18:00）◉定休日／無休◉交通／阪急京都線「長岡天神駅」から徒歩約15分

都七福神まいり

【みやこしちふくじんまいり】

福の神として崇敬される7柱の
神様を巡り、一年の幸せを祈る

七福神は福の神として信仰されている七人の招福の神をいい、一般的には「恵比寿」「大黒天」「毘沙門天」「弁財天」「布袋尊」「寿老神」「福禄寿」の七人の神様を指す。京都は七福神めぐり発祥の地といわれ、室町時代に京洛の民間信仰として起り、それが次第に日本各地に広がって行ったと考えられている。都七福神はその中でも最も古い歴史をもつといわれる。毎月7日が七福神の縁日であるが、特に正月に参詣すると福がもたらされるともいう。

都七福神まいり全体マップ

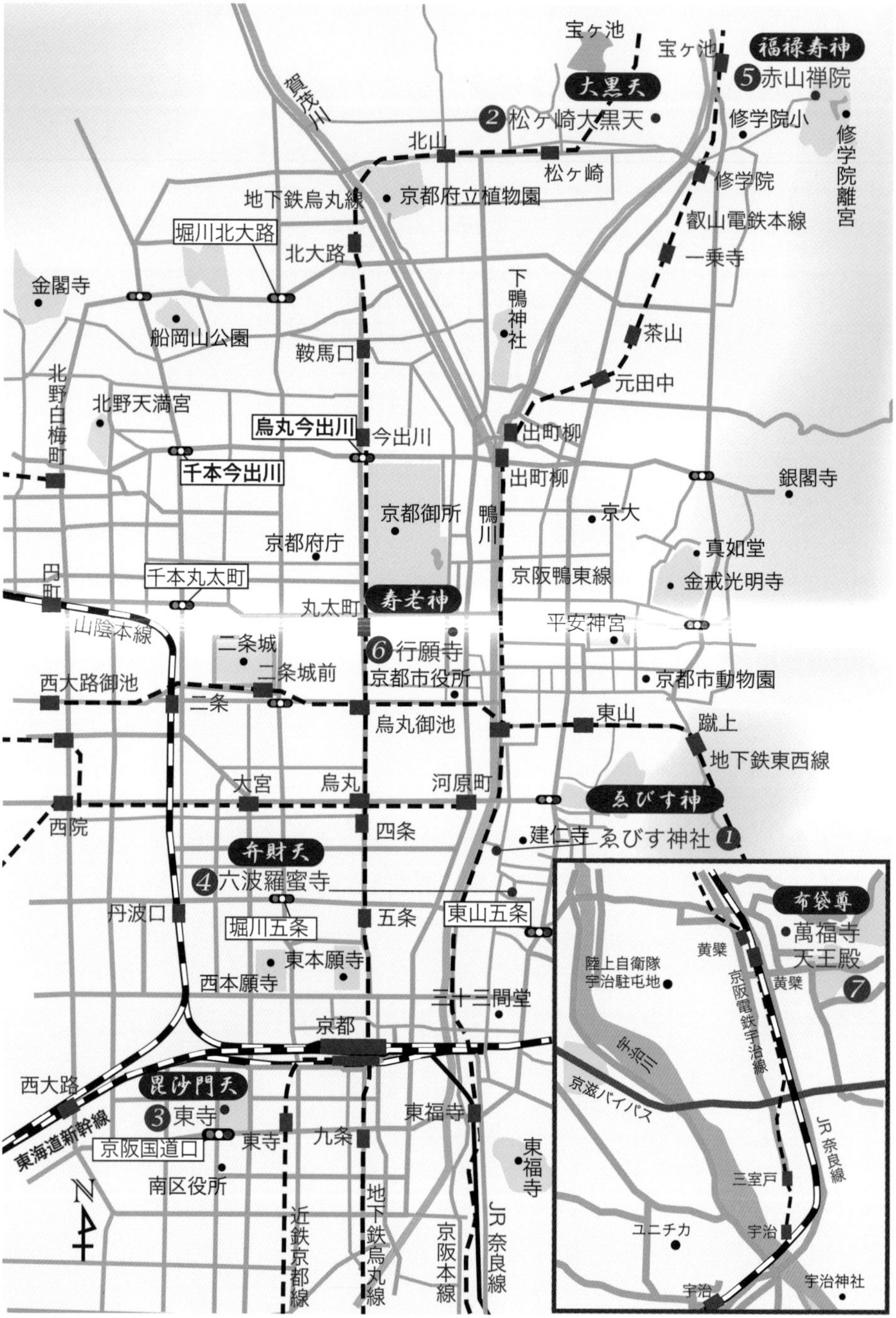

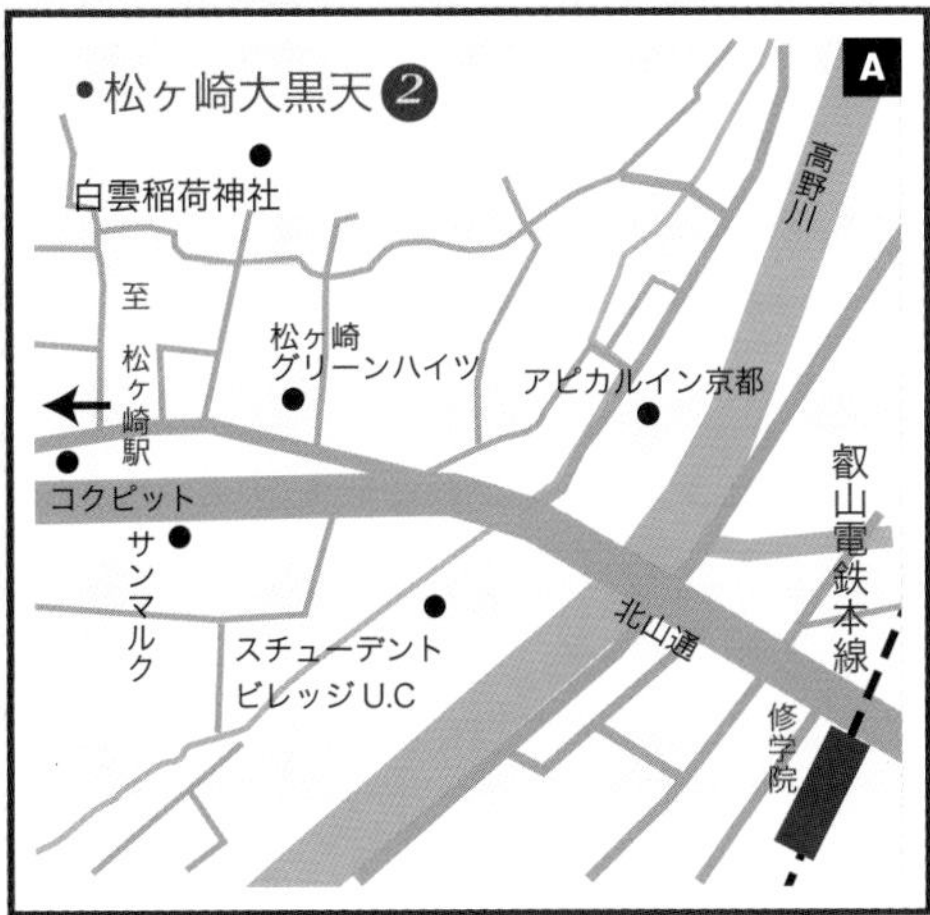
A
松ヶ崎大黒天 2
白雲稲荷神社
至
松ヶ崎駅
松ヶ崎
グリーンハイツ
アピカルイン京都
高野川
コクピット
サンマルク
叡山電鉄本線
北山通
スチューデント
ビレッジU.C
修学院

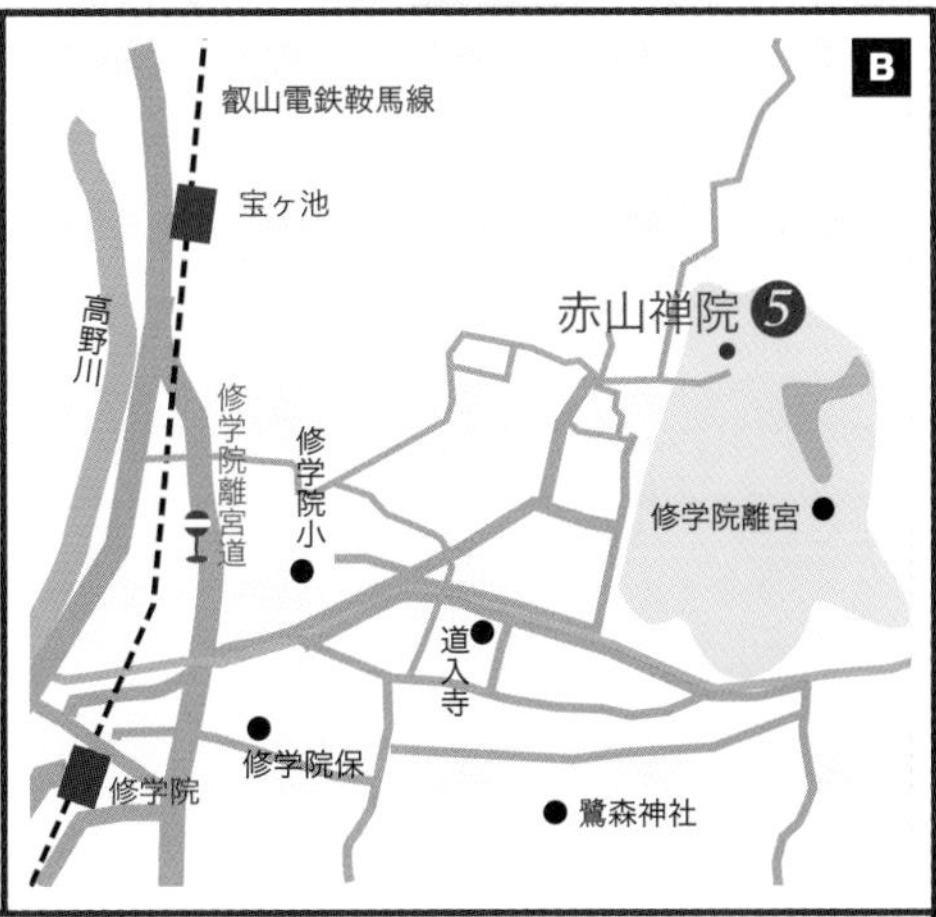
B
叡山電鉄鞍馬線
宝ヶ池
高野川
赤山禅院 5
修学院離宮道
修学院小
修学院離宮
道入寺
修学院保
修学院
鷺森神社

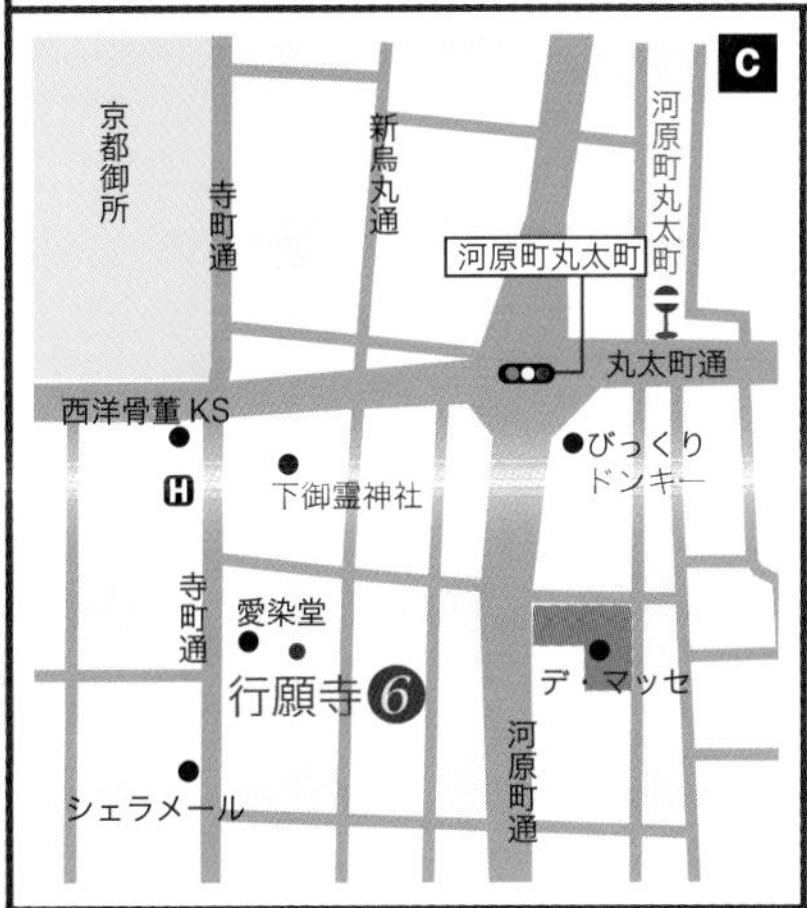
C
京都御所
寺町通
新烏丸通
河原町丸太町
河原町丸太町
丸太町通
西洋骨董 KS
びっくりドンキー
下御霊神社
寺町通
愛染堂
行願寺 6
デ・マッセ
河原町通
シェラメール

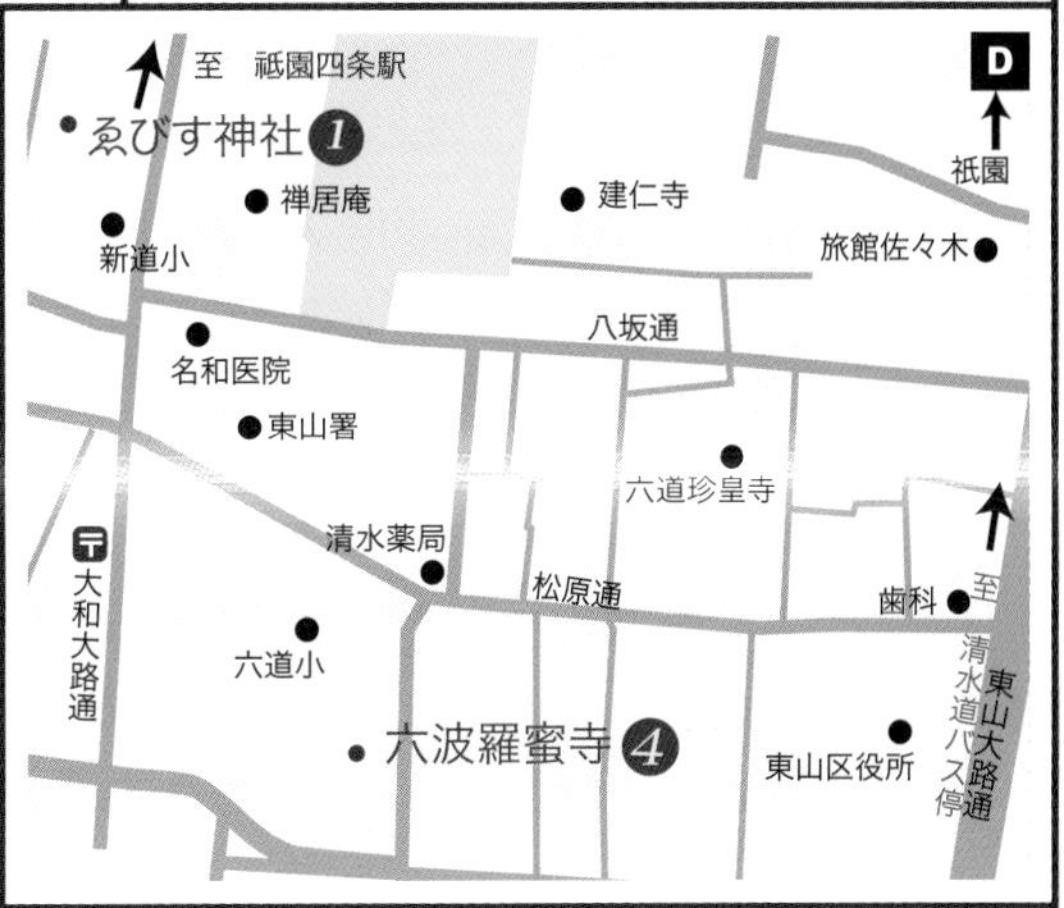
D
至 祇園四条駅
祇園
ゑびす神社 1
禅居庵
建仁寺
新道小
旅館佐々木
八坂通
名和医院
東山署
六道珍皇寺
清水薬局
大和大路通
松原通
歯科
至 清水道バス停
六道小
東山大路通
六波羅蜜寺 4
東山区役所

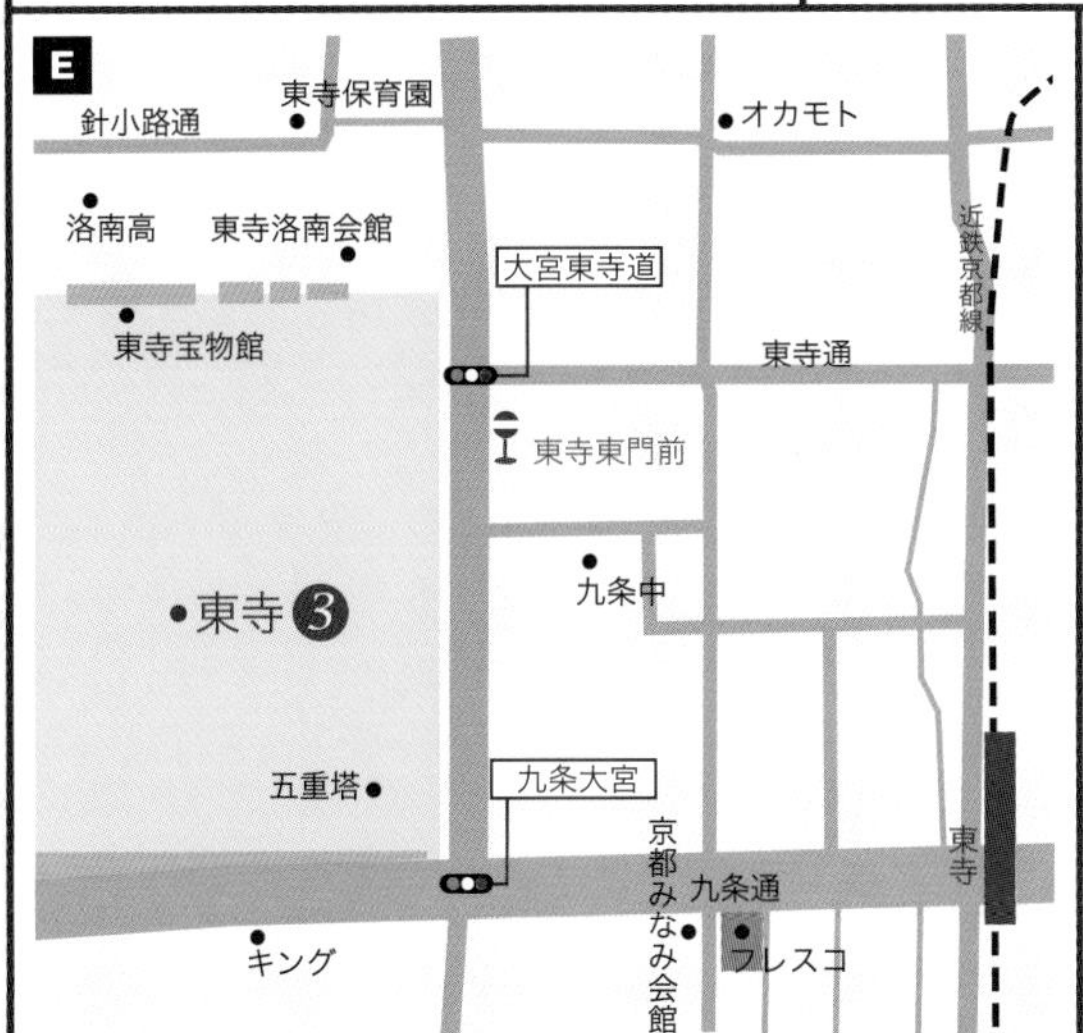
E
針小路通
東寺保育園
オカモト
洛南高
東寺洛南会館
近鉄京都線
大宮東寺道
東寺宝物館
東寺通
東寺東門前
九条中
東寺 3
五重塔
九条大宮
京都みなみ会館
九条通
東寺
キング
フレスコ

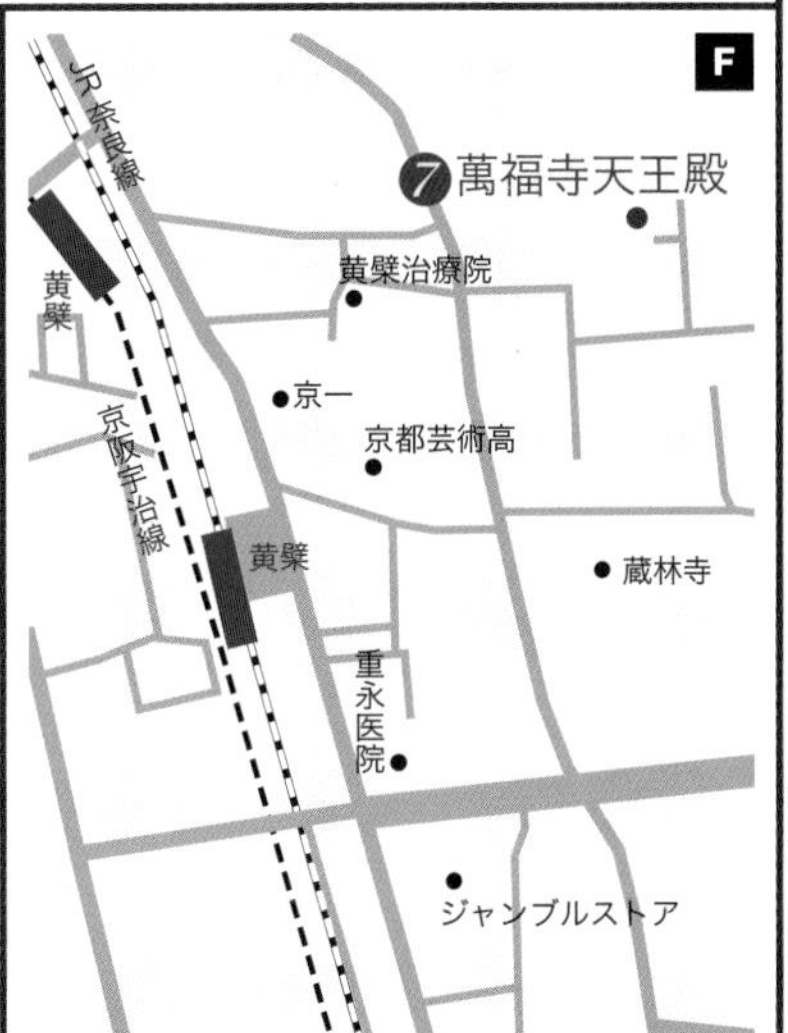
F
JR奈良線
7 萬福寺天王殿
黄檗
黄檗治療院
京阪宇治線
京一
京都芸術高
黄檗
蔵林寺
重永医院
ジャンブルストア

▲商売繁盛に御利益がある「京のえべっさん」。

MAP
P105-D①

都七福神

京都ゑびす神社

（きょうとえびすじんじゃ）

ゑびす神

▲1月8日～12日の初ゑびすは大いに賑わう。

▲鳥居の額は「えべっさん」の尊顔。

日本三大ゑびすのひとつ 商売繁盛の神様・京のえべっさん

ゑびす神は、商売繁盛・旅行安全・豊漁などの守護神で庶民救済の神といわれている。

西宮・大阪今宮神社と並び「日本三大ゑびす」と称され、京都市民からは「京のえべっさん」の名で親しまれている。鎌倉時代はじめの建仁2年（1202）に建仁寺の鎮守社として建てられたのがその紀元。

ゑびす信仰の象徴ともいえる笹は京都ゑびす神社独自の「御札」の形態によるものとされる。

毎年正月の1月8日～12日にかけては十日ゑびす大祭（通称初ゑびす）が行われ、商売繁盛を願う多くの参拝者が訪れる。境内では賑やかに、「商売繁盛、笹持って来い！」の掛け声が飛び交う。また、10日には東映の女優、11日には舞妓による福笹の授与が行われる。

<DATA>

◉住所／京都市東山区大和大路通四条下ル小松町125◉電話／075-525-0005◉拝観料／無料◉拝観時間／8:30～17:00◉定休日／無休◉交通／京阪本線「祇園四条駅」から徒歩約7分

MAP
P105-A②

都七福神

大黒天

松ヶ崎大黒天
（まつがさきだいこくてん）

開運招福の守り神で 福財の神様大黒天を祀る寺院

福財の神ともいわれる大黒天は、もとは軍神だった。日本では福徳に重きをみて、商売繁盛の守り神とされている。

松ヶ崎大黒天は、江戸時代のはじめの元和２年（１６１６）に日英上人により建立された日蓮宗の寺院の妙円寺。京都の人からは「松ヶ崎の大黒さん」の名で親しまれている。

本尊の大黒天像は伝教大師の作。60日毎に行われる縁日の甲子祭にご開帳され、ご祈祷・ご幣が授けられる。

昭和44年（１９６９）の火災の際に大黒天像のみが無事であったため、「火中出現の大黒天」とも呼ばれている。また、参道の手前には、安産祈願、火の用心祈願に霊験あらたかな白雲稲荷神社がある。

<DATA>

◉住所／京都市左京区松ヶ崎東町31◉電話／075-781-5067◉拝観料／無料◉拝観時間／9:00～16:30◉定休日／無休◉交通／地下鉄東西線「松ヶ崎駅」から徒歩約20分

▲本尊は60日毎に行われる縁日に御開帳。

▲福財の神様といわれる大黒天。

▲松ヶ崎の大黒さんの名で親しまれる日蓮宗の寺。

MAP
P105-E③

東寺
（とうじ）

都七福神

毘沙門天

▲十種の徳を得ることができるとされる。

毘沙門天は、北方の守護神、仏教を守護する神で、弘法大師が留学僧として入唐した際に感得されたもの。平安時代、菅原道真や小野道風も信仰していたといわれている。

東寺の境内の北方、御影堂の南側に羅城門の楼上にあった兜跋毘沙門天を安置するために建てられた毘沙門堂がある。兜跋毘沙門天は、毎年、春と秋に公開される宝物館で、その力強いお姿を拝観することができる。

―― <DATA> ――

◉住所／京都市南区九条町1◉電話／075-691-3325◉拝観料／500円（金堂、講堂）◉拝観時間／8:00～17:00◉定休日／無休◉交通／市バス「東寺東門前」から徒歩すぐ

MAP
P105-D④

六波羅蜜寺
（ろくはらみつじ）

都七福神

弁財天

▲弁財堂に祀られる学問と技芸の女神様。

七福神で唯一の女神が弁財天。言語や音楽の神、金運・財運の神、また学問と技芸の神であり、雄弁と智慧の保護神として尊信されてきた。

六波羅蜜寺は、天暦5年（951）、醍醐天皇の第二皇子・光勝空也上人により開創された寺院。本堂向かって左側に弁財天を祀る弁天堂がある。寺宝として空也上人像や平清盛像をはじめ、平安・鎌倉時代の優れた彫刻が多数納められている。

―― <DATA> ――

◉住所／京都市東山区五条通大和大路上ル東側◉電話／075-561-6980◉拝観料／無料◉拝観時間／8:30～17:00◉定休日／無休◉交通／市バス「清水道」から徒歩約5分

MAP
P105-B⑤

都七福神
福禄寿神

赤山禅院（せきざんぜんいん）

▲商売繁盛や延寿を祈願する人々で賑わう。

福禄寿神は、商売繁盛・延寿・健康・除災にご利益があるとされている。

赤山禅院は、仁和4年（888）、天台座主・安慧が、比叡山延暦寺の別院として創建した。

本尊は天台宗守護神の赤山大明神。慈覚大師円仁が遣唐使として唐に留学、その帰路の途中で出港地・泰山にある山の神（赤山大明神）に航路平穏を祈願し、無事に帰国できたことを感謝して弟子の安慧に託して祀った。

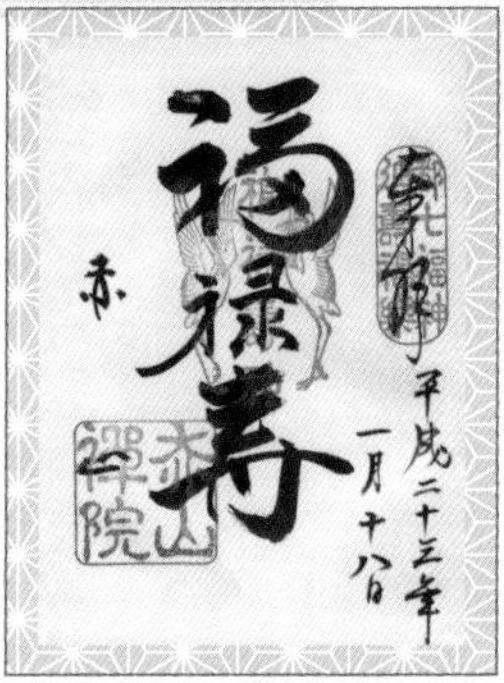

<DATA>

◉住所／京都市左京区修学院開根坊町18◉電話／075-701-5181◉拝観料／無料◉拝観時間／9:00～16:30◉定休日／無休◉交通／市バス「修学院離宮道」から徒歩約15分

MAP
P105-C⑥

都七福神
寿老神

革堂 行願寺（こうどう ぎょうがんじ）

▲福財と諸病平癒の御利益が得られる。

寿老神は、福財・子宝・諸病平癒・長寿の功徳ありといわれている。

寿老神を本尊として祀る革堂は、正しくは行願寺といい、平安初期に行円上人により開かれた寺院である。当初は一条通にあったが、豊臣秀吉により現在の地に移された。

本尊の寿老神の御真言を一日三回唱えると福寿吉運が授かるといわれており、古くから長寿を願う多くの人々が訪れる。

<DATA>

◉住所／京都市中京区寺町通竹屋町上ル行願寺門前町17◉電話／075-211-2770◉拝観料／無料◉拝観時間／9:00～16:30（七福神受付）◉定休日／無休◉交通／市バス「河原町丸太町」から徒歩約5分

金色に輝く布袋様はユーモラスな表情。

MAP P105-F⑦

都七福神

布袋尊

萬福寺《まんぷくじ》

中国から渡来した隠元禅師により開創 明時代末期の伽藍配置が見られる

布袋尊は、中国・唐の時代に実在した僧契此がルーツとされ、中国では弥勒菩薩の化現として信仰されている。

萬福寺は、江戸時代初期の寛文元年（1661）に中国から渡来した隠元禅師が創建した黄檗宗の大本山。隠元は、29歳の時に仏門に入り、63歳の時に招かれて来日した。当初、中国に残した弟子たちに「3年後には帰国する」と約束していたが、江戸に赴き将軍徳川家綱に謁見、家綱が禅師に帰依し、萬福寺の建立が決まると日本に留まった。

萬福寺は、中国の明時代末期の伽藍配置が特徴。伽藍は西を正面とし、左右対称に整然と堂宇が配置されている。総門を潜ると、その先に三門があり、そこから天王殿、大雄宝殿、法堂と一直線に諸堂が並ぶ。これらのお堂の間は回廊で結ばれている。南方産のチーク材が使われているのも大きな特徴。

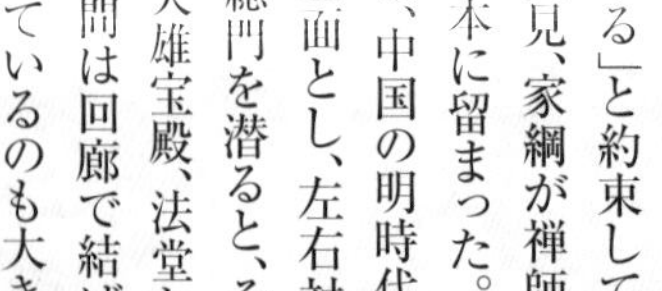
▲山門前の石柱には「不許蒜酒入山門」の文字が。

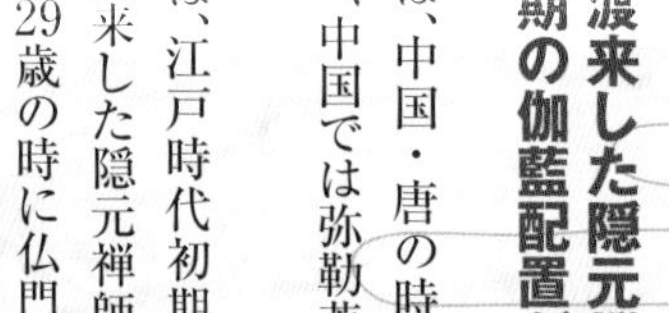
▲江戸時代初期に建築された黄檗宗の大本山。

金色に輝く太鼓腹の姿がとてもユニークな布袋様

天王殿は寛文8年(1668)の建立で一重入母屋造。本堂の手前にこのようなお堂を置くのは日本の伽藍配置では見られない中国の寺院の特徴。天王殿に祀られている布袋尊は、明の仏師・范道生の作で特に傑作といわれる。金色に輝く太鼓腹の姿がとてもユーモア。堂内左右には四天王像、さらに布袋像の背後には韋駄天像を安置する。布袋様の袋にみたてた5色の小さな袋に願い事を書いた紙を奉納すると願いが叶うという。

萬福寺を訪れたら味わってみたいのが、隠元禅師が中国から伝えた精進料理「普茶料理」。日本の山野に生まれた自然の産物を中国風に調理した料理で、一卓に四人が座して食するのが特徴。

<DATA>

◉住所／京都府宇治市五ヶ庄三番割34◉電話／0774-32-3900◉拝観料／500円◉拝観時間／9:00〜16:30◉定休日／無休◉交通／JR・京阪電車「黄檗駅」から徒歩約5分

▲日本最大のチーク材の建築物・大雄宝殿。

▲韋駄天。伽藍の守護神として安置されている。

▲隠元禅師が伝えた中国式精進料理・普茶料理。

▲中国から伝わった黄檗宗独特の魚梆が吊るされている。

コラム

西国三十三所巡礼

近畿2府4県と岐阜県に点在する33所の観音霊場を総称して「西国三十三箇所」という。これらの霊場を札所とした巡礼は日本で最も古くから行われている巡礼行といわれている。

三十三という数については、観音菩薩が衆生を救う時に33の姿に変化するという信仰に由来する。

西国三十三所巡礼の起源については、養老2年（718）、大和国長谷寺の開祖である徳道上人が病を得て亡くなった時、冥土の入口で閻魔大王に出会い、日本にある33の観音霊場を巡り滅罪の功徳で地獄に送られる人々を救うようにと起請文と33の宝印を授かり現世に戻された。上人は人々に観音信仰を説いたが、普及しなかった。そして、270年後、花山法皇が紀伊国の那智山に参籠していたところ、熊野権現が姿を現し、33の観音巡礼を再興するように託宣を受け、河内国石川寺の仏眼上人を先達にして三十三所霊場を巡礼したところ、やがて人々に広まったという。

京都府内にある西国三十三所は、第十番・三室戸寺、第十一番・上醍醐准胝堂（醍醐寺）、第十五番・観音寺（今熊野観音寺）、第十六番・清水寺、第十七番・六波羅蜜寺、第十八番・六角堂（頂法寺）、第十九番・行願寺（革堂）、第二十番・善峯寺、第二十一番・穴太寺、第二十八番・成相寺、第二十九番・松尾寺、番外札所・元慶寺の12寺と本尊。

◎京都府内にある代表的な西国三十三所◎

六波羅蜜寺

空也上人開創の寺院

【西国第十七番札所】十一面観世音菩薩を祀る

悪疫退散のために空也上人が自ら刻んだ十一面観世音菩薩を本尊とする。

清水寺

清水の舞台で知られる

【西国第十六番札所】十一面千手千眼観世音菩薩を祀る

秘仏の本尊・十一面千手千眼観世音菩薩は世に清水型観音と呼ばれる。

洛陽十二支妙見めぐり

【らくようじゅうにしみょうけんめぐり】

妙見菩薩は夜空に輝く北極星・北斗七星を神格化した菩薩で、宇宙万物の運気を司るといわれる。洛陽十二支妙見めぐりは、京都御所の紫宸殿を中心に十二支の方角に祀られている霊験あらたかな妙見宮をめぐり、福寿・開運・厄除け・商売繁盛・安産などを祈願するもの。江戸時代には朝野を問わず大いに賑わったというが、明治維新の廃仏毀釈で衰退した。

近年になり「洛陽十二支妙見会」が発足、200年の歴史と伝統を今に伝える巡礼として復活した。各妙見宮をめぐる順序は自分の干支、その年の干支にあたる寺院からでも、どの順序でお参りをしても自由とされている。

霊験あらたかな十二支妙見宮を巡り
福寿・開運・厄除・商売繁盛を祈願

洛陽十二支妙見めぐり全体マップ

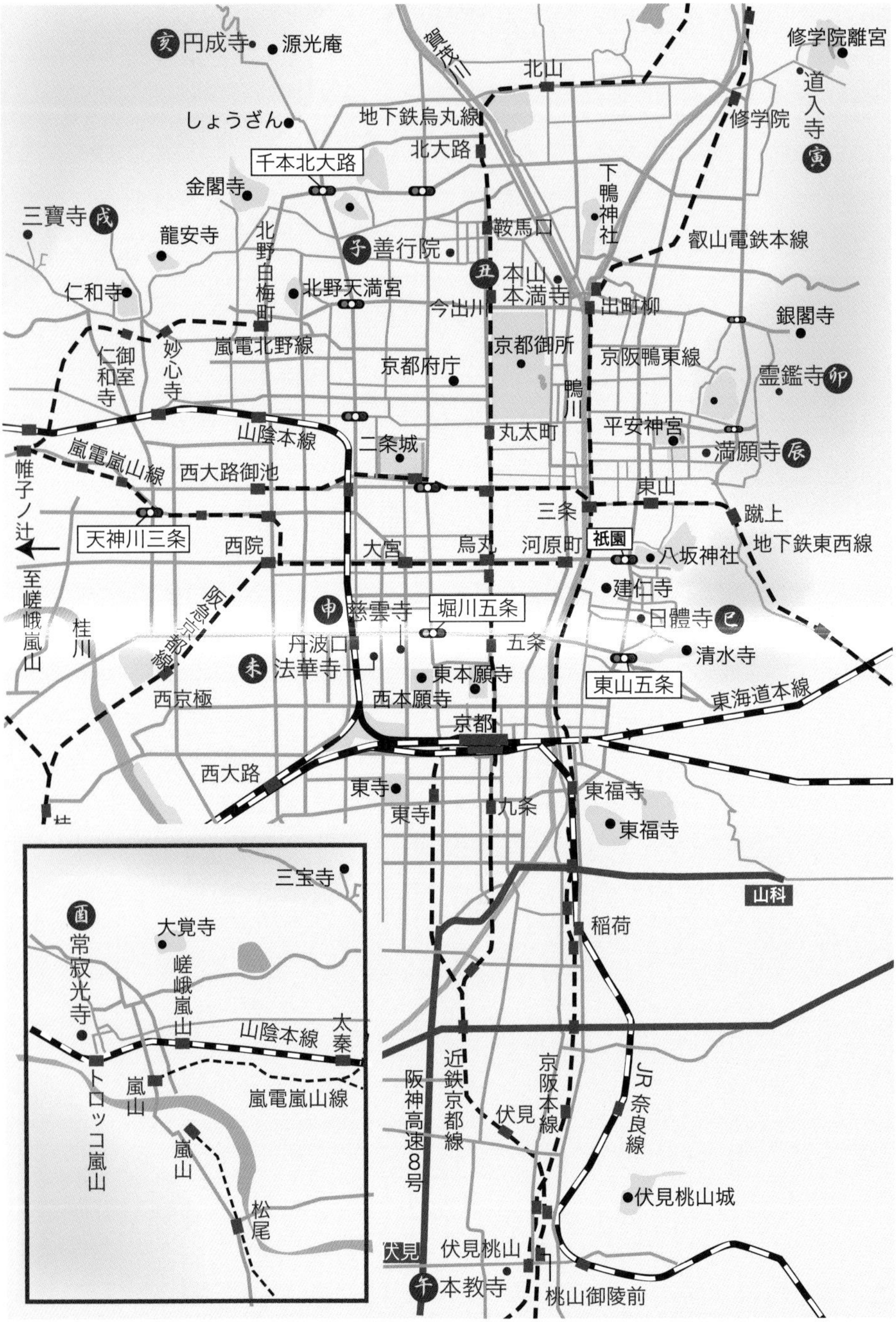

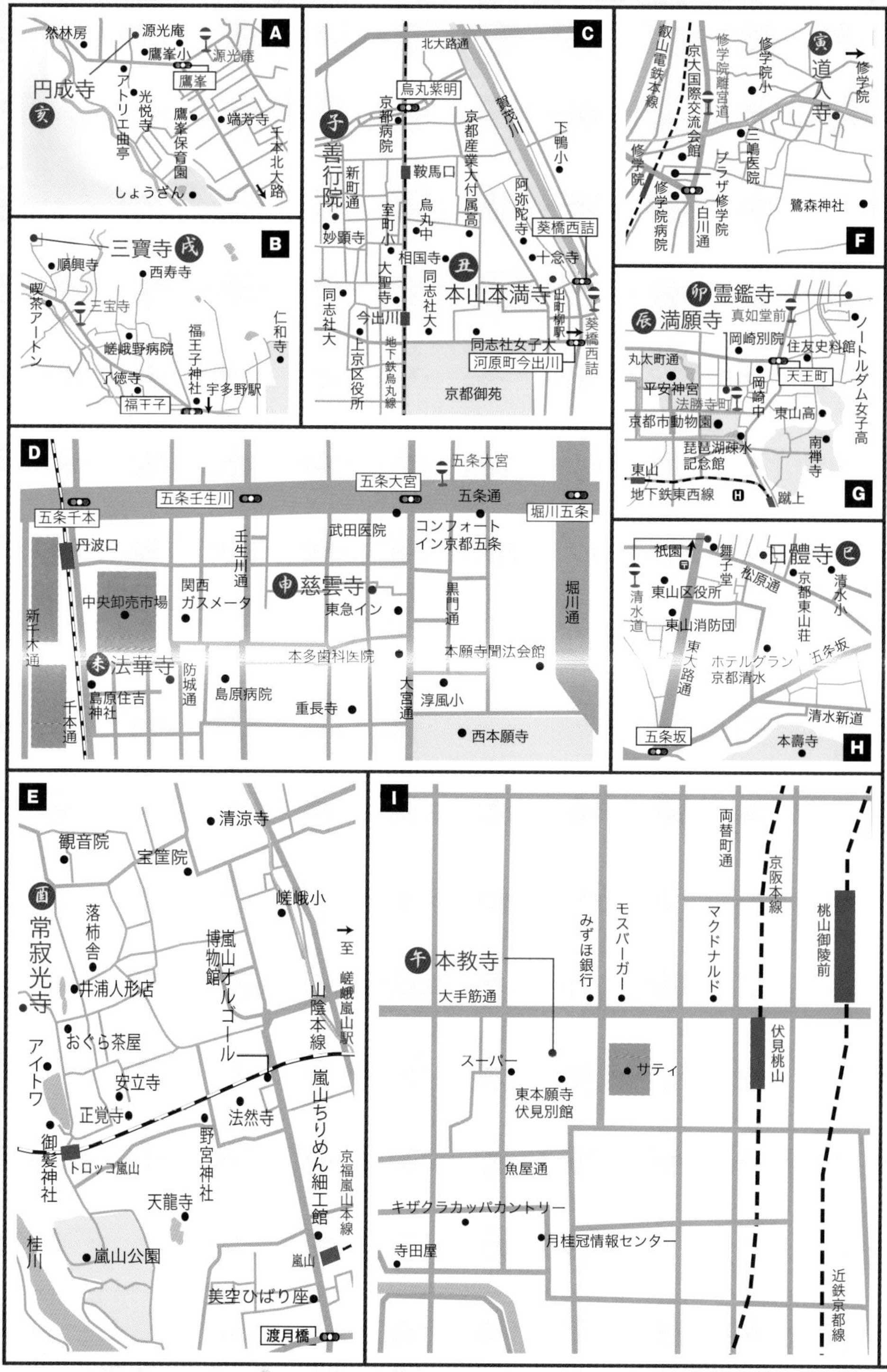
A
然林房
源光庵
鷹峯小
源光庵
鷹峯
円成寺
亥
アトリエ曲亭
光悦寺
鷹峯保育園
端芳寺
千本北大路
しょうざん
B
三寶寺
戌
順興寺
西寿寺
喫茶アートン
三宝寺
嵯峨野病院
福王子神社
仁和寺
了徳寺
宇多野駅
福王子
C
北大路通
烏丸紫明
京都病院
子
善行院
新町通
妙顕寺
京都産業大付属高
賀茂川
下鴨小
鞍馬口
室町小
烏丸中
阿弥陀寺
葵橋西詰
相国寺
丑
本山本満寺
十念寺
大聖寺
同志社大
出町柳駅
葵橋西詰
同志社大
今出川
上京区役所
地下鉄烏丸線
同志社女子大
河原町今出川
京都御苑
F
叡山電鉄本線
京大国際交流会館
修学院離宮道
修学院小
寅
道入寺
修学院
三嶋医院
修学院
プラザ修学院
修学院病院
白川通
鷺森神社
G
卯
霊鑑寺
辰
満願寺
真如堂前
ノートルダム女子高
岡崎別院
住友史料館
丸太町通
天王町
平安神宮
法勝寺町
岡崎中
京都市動物園
東山高
琵琶湖疎水記念館
南禅寺
東山
地下鉄東西線
蹴上
D
五条大宮
五条大宮
五条壬生川
五条通
五条千本
堀川五条
武田医院
コンフォートイン京都五条
丹波口
壬生川通
関西ガスメータ
申
慈雲寺
中央卸売市場
東急イン
黒門通
堀川通
新千本通
未
法華寺
本多歯科医院
本願寺聞法会館
防城通
島原住吉神社
島原病院
大宮通
淳風小
千本通
重長寺
西本願寺
H
祇園
舞子堂
日體寺
巳
清水道
東山区役所
松原通
京都東山荘
清水小
東山消防団
東大路通
ホテルグランド京都清水
五条坂
清水新道
五条坂
本壽寺
E
清涼寺
観音院
宝筐院
酉
常寂光寺
落柿舎
嵯峨小
嵐山オルゴール博物館
至嵯峨嵐山駅
井浦人形店
山陰本線
おぐら茶屋
アイトワ
安立寺
嵐山ちりめん細工館
正覚寺
法然寺
御髪神社
トロッコ嵐山
野宮神社
天龍寺
京福嵐山本線
桂川
嵐山公園
嵐山
美空ひばり座
渡月橋
I
両替町通
京阪本線
桃山御陵前
モスバーガー
マクドナルド
みずほ銀行
午
本教寺
大手筋通
伏見桃山
スーパー
サティ
東本願寺伏見別館
魚屋通
キザクラカッパカントリー
月桂冠情報センター
寺田屋
近鉄京都線

MAP
P115-C㋙

洛陽十二支妙見　子

西陣の妙見宮（にしじんのみょうけんぐう）［善行院］［ぜんぎょういん］

▲西陣の妙見さんの名で親しまれる。

文正元年（1466）、恵眼院日富上人創建の妙顕寺の東側に位置する寺院で、洛陽十二支妙見めぐりの一番札所。

江戸時代初期に在位した後西天皇の信仰が厚く、日々清涼殿に赴き、妙見尊に国家の安泰を祈願したが、霊無を見て、妙顕寺山内に一堂を建立し、安置したという。今も天拝の妙見様として信仰を集めている。月例祭は毎月1日の午前11時から催行される。

<DATA>

◉住所／京都市上京区新町通上御霊西入妙顕寺前町514◉電話／075-451-4182◉拝観料／無料◉拝観時間／9:00～17:00◉定休日／無休◉交通／地下鉄烏丸線「鞍馬口駅」から徒歩約7分

MAP
P115-C㊋

洛陽十二支妙見　丑

本満寺の妙見宮（ほんまんじのみょうけんぐう）［本山本満寺］［ほんざんほんまんじ］

▲本山境内の西に妙見宮が独立して建つ。

室町時代の応永17年（1410）、本山本國寺の五世日伝上人の弟子玉洞妙院日秀上人によって創建された。天文5年（1536）の天文法華の乱に遭って堺に逃れたが、天文8年（1539）に現在の寺町今出川の地に再建された。江戸時代の宝暦年間（1751～63）には将軍家の祈願所となった。

妙見堂は本山境内の西にあり、有名。春の時期、桜が美しい寺院でもある。

<DATA>

◉住所／京都市上京区寺町通今出川上ル2丁目鶴山町◉電話／075-231-4784◉拝観料／無料◉拝観時間／9:00～17:00◉定休日／無休◉交通／市バス「葵橋西詰」から徒歩約5分

MAP
P115-F寅

洛陽十二支妙見　寅

修学院の妙見さん［道入寺］

（しゅうがくいんのみょうけんさん［どうにゅうじ］）

大験者尊眼院日長上人が苦行された地に、日長上人を開山として正保3年（1646）に創建された。

安置されている妙見様は僧形のお姿をしており、七面大明神とともに併祀され、昔から、霊験あらたかな妙見様として崇敬されてきた。

道入寺は修学院離宮や赤山禅院などがある修学院の住宅地の中に建つ寺院。庶民的な温かみが魅力。

▲僧形の姿をされた妙見様を祀る。

<DATA>

◉住所／京都市左京区修学院茶屋ノ前町2◉電話／075-781-4886◉拝観料／無料◉拝観時間／9:00～17:00◉定休日／無休◉交通／市バス「修学院離宮道」から徒歩約5分

MAP
P115-G卯

洛陽十二支妙見　卯

鹿ヶ谷の妙見さん［霊鑑寺］

（ししがだにのみょうけんさん［れいかんじ］）

承応2年（1653）、後水尾天皇が皇女浄法見院宮宗澄尼を開基として創立した門跡寺院。以降、明治維新まで皇女皇孫が入寺し、鹿ヶ谷比丘尼御所あるいは谷御所と呼ばれている。

妙見堂は山門入口にあり、堂内には不動明王とともに妙見様が祀られ、鹿ヶ谷の妙見宮として尊敬され、さらに卯歳の守護神としても有名。通常非公開の寺院のため訪問前に電話で一報を入れた方が無難。

▲妙見堂は山門入口左側に建つ。

<DATA>

◉住所／京都市左京区鹿ヶ谷御所ノ段町◉電話／075-771-4040◉拝観料／無料◉拝観時間／通常非公開のため事前に要電話◉定休日／無休◉交通／市バス「真如堂前」から徒歩約4分

洛陽十二支妙見

辰

岡崎の妙見さん（おかざきのみょうけんさん）［満願寺］（まんがんじ）

▲日蓮宗伽藍の典型といわれる本堂。

▲妙見様は 30cm ほどの小さなご神体といわれる。

▲境内の一画には文子天満宮の社殿が建つ。

亀に乗り右手に剣、左手に蛇をもつ妙見様

天慶3年（940）、平安時代の巫女・多治比文子が西ノ京に菅原道真の霊夢を感じて、創建したという伝説をもつ。当初は真言宗の寺院で、勅願所にもなった名刹であったが、元禄10年（1697）に日蓮宗に改宗し現在地に移った。現在の伽藍は、江戸時代中期の日蓮宗伽藍の典型といわれている。

この地はもと平安時代に白河天皇が建立した法勝寺の跡地と伝わり、境内の閼伽井はその法勝寺の井戸といわれる。また、平家打倒の鹿ヶ谷の陰謀の首謀者の俊寛僧都の旧居跡との伝説も残る。

桁行三間、梁行一間の本堂に祀られる妙見様は当初は本光寺に祀られていたが、本光寺焼失の後に、満願寺に移された。30cmほどの小さな像であるが、亀に乗り右手に剣、左手に蛇をもっている。

<DATA>

◉住所／京都市左京区岡崎法勝寺町130◉電話／075-771-4874◉拝観料／無料◉拝観時間／観光寺院でないため事前に要電話◉定休日／無休◉交通／市バス「法勝寺町」から徒歩約3分

洛陽十二支妙見

巳

MAP P115-H㊇

清水の鎮宅妙見宮（きよみずのちんたくみょうけんぐう）［日體寺］［にったいじ］

水火の災を除き、怨敵の難を退け、家を守る妙見様

東大路通りから清水寺に続く参道、清水坂沿いにある日蓮宗の寺院。当寺は当初、観音寺という浄土宗の寺院であったが、江戸時代中期の享保6年（1721）、時の住職であった常照院日體上人が法華経に帰依し、日蓮宗に改め山寺号を常照山日體寺と公称された。

日體寺は、京都の中心である御所の紫宸殿から南南東の方角に位置し、洛陽十二支妙見巳の方の北辰妙見大菩薩が祀られている。水火の災いを除き、怨敵の難を退け、家を守護する「清水の鎮宅妙見」として信仰を集める。

また、巳の方の妙見大菩薩は財運の守り神とされ、縁を繋いで財福金運をもたらす守護神としても、人々に親しまれている。

<DATA>

◉住所／京都市東山区清水4-151◉電話／075-561-1248◉拝観料／無料◉拝観時間／9:00～17:00◉定休日／無休◉交通／市バス「清水道」から徒歩約3分

▲清水道沿いにひっそりと建つ寺院。

▲災いを除き、家を修める清水の妙見様。

▲静かな境内にはゆったりとした時が流れる。

MAP
P115-I㊎

洛陽十二支妙見

午

伏見大手筋の妙見さん［本教寺］

（ふしみおおてすじのみょうけんさん［ほんきょうじ］）

▲池田家伝来の北辰妙見尊を祀る。

▲太閤秀吉ゆかりの牡丹のある寺院でもある。

▲いつも賑やかな大手筋商店街から入ると山門がある。

池田家伝来の北辰妙見尊を祀る

文禄3年（1594）、日新上人の法孫・教行院の日受上人による創建された。その後、徳川家康の息女督姫の帰依を受けて、督姫が姫路城主・池田輝政に嫁ぐにあたって、その屋敷と敷地（現在の地）を寄進して寺を移した。

庭内には監姫が豊臣秀吉から賜ったと伝えられる牡丹が、今でも毎年4月中旬に花を咲かせることから、「慶長牡丹の寺」として親しまれている。

境内には大きな妙見宮があり、池田家伝来の北辰妙見尊が祀られている。元禄年間（1688〜1703）の建築で「伏見の開運どころ」とも呼ばれ、中央に北辰妙見大菩薩、左に七面天女と大黒天、右に鬼子母神を祀っている。開運除厄・旅行安全・家内安全などの御利益で知られる。

<DATA>

◉住所／京都市伏見区東大手778◉電話／075-601-2237◉拝観料／無料◉拝観時間／8:00〜17:00◉定休日／無休◉交通／京阪本線「伏見桃山駅」から徒歩約3分

MAP
P115-D㊍

洛陽十二支妙見

未

未の方の妙見さん［法華寺］

（ひつじのかたのみょうけんさん［ほっけじ］）

▲開運・商売繁盛に御利益がある妙見様。

弘化14年（823）に東寺が創建された際に塔頭の法華堂として創建された。境内にある妙見堂は「未の方の妙見様」として、江戸時代より大阪・神戸の商人達から開運・商売繁盛の祈願所として信仰を集めた。

昭和38年（1963）の新幹線施設のため現在地に移った。現在は住宅地の中に佇む小さな寺院だが、境内には「日蓮聖人お手掘・硯水の井戸」なども あり興味深い。

――<DATA>――

◉住所／京都市下京区島原西新屋敷中之町108◉電話／075-361-0783◉拝観料／無料◉拝観時間／9:00～16:30◉定休日／無休◉交通／JR嵯峨野線「丹波口駅」から徒歩約7分

MAP
P115-D㊙

洛陽十二支妙見

申

島原の妙見さん［慈雲寺］

（しまばらのみょうけんさん［じうんじ］）

▲悪縁切りの御利益で知られる妙見様。

寛正5年（1464）に大本山・本國寺第十世成就院日圓上人が台密両宗の中堂寺を改宗し、法喜山・吉祥寺としたのがはじまり。天文法華の乱後、五世吉祥院日喜上人が堂宇を再建し慈雲寺と称した。

慈雲寺の妙見大菩薩は「島原の妙見さん」として開運・厄除・病気平癒などで人々の崇敬を集めた。特に病気が「さる」、不運が「さる」ということから悪縁切りの御利益で知られる。

――<DATA>――

◉住所／京都市下京区下松屋町通五条下ル藪之内町627◉電話／075-341-7772◉拝観料／無料◉拝観時間／観光寺院でないため事前に要電話◉定休日／無休◉交通／市バス「五条大宮」から徒歩約3分

豪商・角倉栄可と了以親子が寺域を寄進した。

MAP
P115-E㊍

洛陽十二支妙見　酉

小倉山の妙見宮《おぐらやまのみょうけんぐう》［常寂光寺《じょうじゃっこうじ》］

著名な歌人藤原定家の山荘から 別名・軒端寺とも称される

慶長元年（1596）に日蓮宗大本山本國寺の第16世究竟院日禛上人が隠棲した庵を、角倉栄可と了以が小倉山の山麓の敷地を寄進、小早川秀秋ら諸大名が堂塔伽藍を寄進し創建された。角倉栄可と了以親子は戦国末期から江戸時代初めにかけて活躍した豪商で、朱印船貿易で利益を得て、京都の大堰川、高瀬川を私財を投じて開削、「水運の父」として尊敬されている。

また、平安時代の貴族で歌人として著名な藤原定家が、常寂光寺の付近に山荘「時雨亭」を営み、「忍ばれんものとはなしに小倉山軒端の松に馴れて久しき」と詠んだことから別名軒端寺とも称される。

小倉山の中腹に、本堂、妙見堂、多宝塔などの堂宇が並ぶ。釈迦如来像を安置する本堂は、慶長年間（1596～1615）に伏見桃山城の客殿を移築したもの。和洋の中に禅宗様の形式が組み込まれた桃

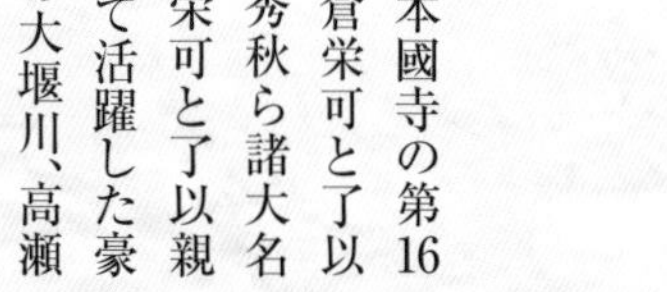
▲境内の高台からは嵯峨野一帯を眺望できる。

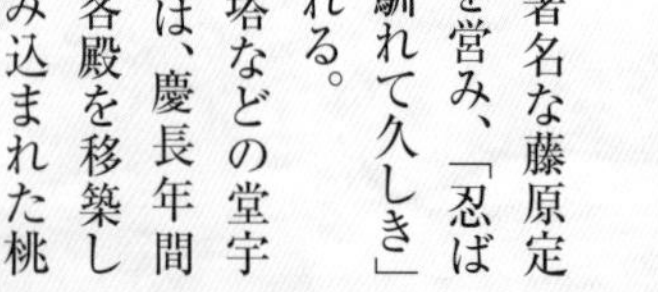
▲高さ 12m の多宝塔は重要文化財に指定される。

山様式を今に伝える貴重な多宝塔は、高さ12m、元和6年（1620）の建立で、重要文化財に指定されている。

この多宝塔あたりからの眺望が素晴らしく、嵯峨野一帯を見晴らすことができる。また、秋の季節は全山が紅葉に彩られ、諸堂とモミジの紅や黄のコントラストの美しさに訪れる人が多い。

水に縁が深い妙見様は水商売の信仰が篤い

妙見堂に祀られる妙見尊は、慶長年間の保津川洪水の際に漂着した妙見大菩薩御神像を角倉町の一舟夫が発見、久しく同町の集会所で祀っていたが享和（1801〜04）の頃に、常寂光寺に遷座し鎮護の社とした。「小倉の妙見様、西の妙見宮」として、水に縁があるために特に水商売の人達に信仰が篤い。

<DATA>

◉住所／京都市右京区嵯峨小倉山小倉町3◉電話／075-861-0435◉拝観料／一般500円◉拝観時間／9:00〜16:30◉定休日／無休◉交通／JR嵯峨野線「嵯峨嵐山駅」から徒歩約15分

▲境内に立つ藤原定家山荘跡の石碑。

◀堂宇は山麓から山頂へと続いていく。

▲水商売の人々の崇敬を集める妙見様。

▲伏見桃山城の客殿を移築した本堂は桃山様式を伝える。

MAP
P115-B戌

洛陽十二支妙見
戌

鳴滝の妙見宮［三寶寺］

（なるたきのみょうけんぐう）［さんぼうじ］

▲奥の院に祀られる満願妙見は開運・厄除けに御利益がある。

▲招福はもとより安産祈願に訪れる女性も多い。

▲後水尾天皇の御内旨を受けて創建された寺院。

開運・厄除け・招福の他、安産祈願の御利益も名高い

寛永5年（1628）右大臣菊亭経季と中納言今城為尚が後水尾天皇の御内旨を受けて、中正院日護上人を開山として迎え建立した。

境内には京都御所菊亭家邸内より根分け移植された名桜「御所返しの桜」がある。

坂の上にある境内からさらに石段を登りつめた高台に奥の院がある。その奥の院に中正院日護上人御作の北辰妙見尊を祀り、願が叶うところから「満願妙見宮」とも呼ばれ、開運・厄除け・招福に御利益があるといわれる。また戌のお産が軽いことから安産祈願に多くの人が訪れる。

土用の丑の日に行われる「頭痛封じのほうろく灸祈祷」や12月の「厄落としの大根焚」が有名で多くの参拝者で賑わう。

<DATA>

◉住所／京都市右京区鳴滝松本町32◉電話／075-462-6540◉拝観料／無料◉拝観時間／9:00～16:00◉定休日／無休◉交通／市・JRバス「三宝寺」から徒歩約5分

洛陽十二支妙見

亥

MAP
P115-A㊁

鷹峯の岩戸妙見宮［円成寺］

（たかがみねのいわとみょうけんぐう［えんじょうじ］）

石窟の中に祀られる岩戸妙見 商売繁盛・開運勝利の崇敬を集める

平安時代初期の承和6年（839）に僧円行が岩戸妙見を勧請して創立した霊巌寺（廃寺）があった跡地に建っている。

平安京には王城鎮護の四方妙見が置かれ、天皇は正月元旦に一年の安穏を祈願するのが習わしだった。霊巌寺はその総鎮守社として、妙見尊星には3月3日、9月9日に宮中から献灯の儀式が行われていたという。

寛永7年（1630）に公卿の一条家の懇願により、この地に旧霊巌寺の妙見大菩薩を復興し、妙見道場とした。

岩戸妙見菩薩は、石窟の中に祀られていることから「岩戸妙見」と称され、古くから商売繁盛・開運勝利を祈願する人々の崇敬を集めている。

<DATA>

◉住所／京都市北区鷹峯北鷹峯町24◉電話／075-491-1496◉拝観料／無料◉拝観時間／9:00～17:00◉定休日／無休◉交通／市バス「源光庵」から徒歩約5分

▲六尺余の石像と伝わる岩戸妙見菩薩を祀る。

▲京の七口のひとつ鷹峯に寺域を構える。

▲江戸時代のはじめに一条家の尽力により復興した。

コラム

京都十三佛霊場めぐり

十三仏とは故人の中陰や年忌法要を勤めるときの本尊とする十三体の仏・菩薩のことをいう。故人の葬儀を終えて7日目ごと49日まで行われる法要を中陰法要といい、初七日は不動明王、二七日は釈迦如来、三七日は文殊菩薩、四七日は普賢菩薩、五七日は地蔵菩薩、六七日は弥勒菩薩、七七日は薬師如来とそれぞれに仏様がおられる。中陰法要が終わると満中陰となり、ここで故人は新たな生を受けるとされ、その後も、百ヶ日に観音菩薩、一周忌に勢至菩薩、三回忌に阿弥陀如来、七回忌に阿しゅく如来、十三回忌に大日如来、そして三十三回忌に虚空蔵菩薩と決められた追善供養が行われる。

はじまりは室町幕府8代将軍足利義政が歴代将軍の供養を十三仏をお祀りしたことが全国に普及し十三仏信仰が生まれたとされるが、貴族の間ではその前から行なわれていたともいう。

＜京都十三佛霊場＞

智積院［不動明王］
清凉寺嵯峨釈迦堂［釈迦如来］
戒光寺［文殊菩薩］
大光明寺［普賢菩薩］
大善寺［地蔵菩薩］
泉涌寺［弥勒菩薩］
平等寺［薬師如来］
大報恩寺［観音菩薩］
仁和寺［勢至菩薩］
法金剛院［阿弥陀如来］
随心院［阿しゅく如来］
東寺［大日如来］
法輪寺［虚空蔵菩薩］

智積院

【京都十三佛の第一番】不動明王を祀る

真言宗智山派の総本山

信心深い農夫に代わり朝早くから麦踏みをされたというお不動様が本尊。

清凉寺

【京都十三佛の第二番】釈迦慮来を祀る

嵯峨の釈迦堂で知られる

本尊の釈迦如来は体内に内臓を象った納入物があり、生身如来といわれる。

あとがきに代えて

京都札所にゆかりの人物

花山法皇と後白河法皇

本書で紹介した「洛陽三十三所観音巡礼」と「洛西三十三所観音霊場」は、多くの人に親しまれている霊場である。ともに、「西国三十三所巡礼」に代わるものとして設けられた霊場だった。この3つの霊場は、戦国時代の戦乱や明治維新の廃仏毀釈で衰退したものの、近代になり見事に復活した。これは、時代を越えた人々の深い信仰心が成したもので、現代に生きる我々も「巡礼」という文化を次世代にしっかりと伝えていく義務があるだろう。

「西国三十三所巡礼」を中興したとされるのが、平安時代中期の花山法皇である。法皇は、永観2年（984）に17歳で即位。時代は、摂関政治の最盛期であり、有力な外戚を亡くしていた法皇は、僅か2年で退位した。逃げ出すように御所から出奔した若き法皇は出家し、晩年に帰京するまで数十年の歳月を巡礼に過ごしたという。

藤原北家の熾烈な勢力争いにより翻弄された法皇が、神仏にすがり、修業や祈りの中にその心を癒したのは無理のないことであった。花山法皇の足跡や伝説は、「西国三十三所巡礼」をはじめ、「洛西三十三所観音霊場」の札所、「熊野古道」の王子や地名などに、今も色濃く残されている。

▲後白河法皇

「洛陽三十三所観音巡礼」を創始したとされるのが、後白河法皇である。鳥羽天皇の第4皇子として生まれた法皇は、本来なら皇位継承もままならない立場にあったが、院や後宮の複雑な対立が絡み、久寿2年（1155）に即位した。

▲花山法皇

法皇が生きた平安末期は、院・朝廷・貴族・武士の勢力が入り乱れ、保元・平治の乱、治承・寿永の乱と戦乱が続いた時代だった。その中で、34年にわたり「治天の君」として君臨した法皇だが、幾度となく幽閉の憂き目にあい、院政停止に追い込まれた。しかし、その都度、持ち前の権謀術策を用いて復権を果たした。その間、皇族・武士・貴族とあまたの人々が、次から次へ、法皇により、あたかも手駒を捨てるがごとく利用され、滅んでいった。

法皇は、旧来の仏教勢力には厳しい態度で臨んだが、東大寺大仏殿再興や新熊野神社、熊野若王子神社を創建するなど、神仏を厚く信奉した。それは、滅亡していった人々への鎮魂の念や法皇自身の心の葛藤がもたらしたものかもしれない。晩年近くには、「玉体を全うするための処置をとってきたが、もう治世から身を引きたい」と、その心情を吐露している。おそらくは、これが法皇の本心であったろう。

花山法皇と後白河法皇。それぞれに生きた時代背景は異なるが、ともに歴史という大きな歯車に翻弄された人生は同じだった。そんな2人にとって、神仏は大きな心のよりどころであったに違いない。

[Editor in Chief]
高野晃彰（ベストフィールズ）

[Editor]
高野えり子（デザインスタジオタカノ）

[Writer]
高野晃彰（ベストフィールズ）
金子任

[Art Direction&Design]
ガレッシオデザイン有限会社

[Map]
高野えり子（デザインスタジオタカノ）

[Photographer]
百配伝蔵
北哲章
後川永作

[Reading]
岩田涼子

[Special Thanks]
星埜俊昭

京都　札所めぐり　御朱印を求めて歩く 巡礼ルートガイド　改訂版

2020年4月15日　第1版・第1刷発行

著　者　京都歴史文化研究会（きょうとれきしぶんかけんきゅうかい）
発行者　株式会社メイツユニバーサルコンテンツ
（旧社名：メイツ出版株式会社）
代表者　三渡治
〒102－0093　東京都千代田区平河町一丁目1-8
TEL：03-5276-3050（編集・営業）
03-5276-3052（注文専用）
FAX：03-5276-3105
印　刷　三松堂株式会社

●定価はカバーに表示してあります。
ISBN978-4-7804-2329-7 C2026 Printed in Japan.

ご意見・ご感想はホームページから承っております。
ウェブサイト　https://www.mates-publishing.co.jp/

編集長：折居かおる　副編集長：堀明研斗　企画担当：千代　寧

※本書は2016年発行の『京都　札所めぐり　御朱印を求めて歩く　巡礼ルートガイド』を元に加筆・修正を行っています